Das Arminius-Lesebuch

Das Arminius-Lesebuch

Geschichten und Gedichte über Hermannsschlacht und -denkmal

herausgegeben von
Michael Vogtmeier

in Verbindung mit dem
Lippischen Heimatbund

Vogtmeier Verlag

Der Herausgeber: Michael Vogtmeier, Jahrgang 1956, studierte nach seinem Abitur am Detmolder Leopoldinum II im Jahre 1974 von 1976 bis 1981 Germanistik, Geschichte und Philosophie in Bielefeld. Anschließend absolvierte er ein Studium der Psychologie an der LMU in München. Im Jahre 1983 promovierte er über das Thema »Die proletarische Autobiographie im Kaiserreich«. Er ist heute als Verlagsleiter in Göttingen tätig. Gemeinsam mit seiner Frau Bettina Vogtmeier, geb. Ebert, veröffentlichte er Bücher über »Lippische Wanderziegler« (Ebert/ Vogtmeier 1980/2005), die münsterländische Küche (1996) sowie das Standardwerk der lippischen Küche »So koch(t)en die Lipper« (4. Auflage 2005). Er ist Herausgeber der in Verbindung mit dem Lippischen Heimatbund erscheinenden »Bibliothek Lippischer Klassiker«.

Bibliografische Information der Deutschen Nationalbibliothek

Die Deutsche Nationalbibliothek verzeichnet diese Publikation in der Deutschen Nationalbibliografie; detaillierte bibliografische Daten sind im Internet über http://dnb.d-nb.de abrufbar.

Vogtmeier Verlag, Leinestr. 30, 37124 Rosdorf bei Göttingen
© Vogtmeier Verlag, Rosdorf bei Göttingen 2009
www.vogtmeier-verlag.de

Umschlagabbildung nach dem Plakat zur »Neunzehnhundert-Jahrfeier der Schlacht im Teutoburger Walde, Detmold, 15.–22. August 1909.«

Satz: Beate Hautsch, Göttingen

Druck und Bindung: W. Fr. Kaestner GmbH & Co.KG, Rosdorf bei Göttingen
Gedruckt auf chlorfrei gebleichtem Papier
Printed in Germany

ISBN 978-3-938554-14-2

Inhalt

Die mit * gekennzeichneten Titel stammen vom Herausgeber.

Vorwort

Es war einmal und ist nicht mehr zu sehn
(da ist nicht mal ein Knochen mehr zu sehn)
Herrn Varus Heer im Teutowald –
So kann es sein, dass wir sehr bald vergehn
– v e r g e h n –
So kann es sein, daß wir sehr bald vergehn.
(Peter Rühmkorf)

Der genaue Ort der Hermannsschlacht, der Varusschlacht oder – laut Marktforschung der zur Zeit populärste Begriff – der Schlacht im Teutoburger Wald liegt auch fast 2000 Jahre, nachdem sie geschlagen wurde, noch weitgehend im Dunkeln. Obwohl nur wenige andere historische Ereignisse deutsche Historiker, Archäologen und Heimatforscher so sehr beschäftigt haben wie der Kampf der Cherusker gegen die Römer 9 n. Chr., gibt es immer noch keine eindeutigen Befunde.

Wurde lange Zeit zumindest in der breiten Öffentlichkeit davon ausgegangen, die kriegerische Auseinandersetzung habe im Teutoburger Wald in der Nähe Detmolds stattgefunden, so tendieren Fachleute heute verstärkt dazu, das Schlachtfeld in Kalkriese, am Nordrand des

Varusschlacht bei Detmold

Wiehengebirges, zu vermuten. Die archäologischen Befunde dort sind in der Tat beeindruckend. Jedoch: Der Umstand, dass in der Nähe Detmolds keinerlei derartige Funde zu verzeichnen sind, lässt nicht jedermann zu dem Schluss kommen, dort könne die Schlacht nun keinesfalls stattgefunden haben. Denn natürlich – so das schlagende Gegenargument – hätten die für Ihre Sparsamkeit bekannten Lipper niemals 2000 Jahre lang Reste für die archäologische Forschung herum liegen lassen, sondern diese gleich nach der Schlacht eingesammelt und schnell irgend einer sinnvollen Verwendung zugeführt. Manche Spötter weisen sogar darauf hin, dass archäologische Befunde allein schließlich auch nichts besagten. Zum einen seien diese ja eindeutig nicht mit den schriftlichen

Zeugnissen in Einklang zu bringen, zum anderen seien schließlich auch in Vietnam schon römische Münzen gefunden worden, ohne dass man je daran gedacht habe, den Ort der Hermannsschlacht dorthin zu verlegen. So bleibt also auch Kalkriese trotz seiner archäologischen Funde bis auf weiteres nur einer von etwa 700 Plätzen zwischen Nordsee und Augsburg, die in den letzten Jahrhunderten als Schlachtfeld gehandelt wurden.

In Lippe können all diese Diskussionen ohnehin gelassen verfolgt werden. Egal wo die Schlacht tatsächlich stattgefunden hat und ob dies je abschließend geklärt werden kann, sicher ist: Das Hermannsdenkmal, dass an den Sieg der Cherusker über die Römer erinnert, steht seit 1875 auf der Grotenburg bei Detmold, und das wird man den Lippern auch nicht mehr nehmen können. Jährlich wird das Denkmal von Hunderttausenden Besuchern besichtigt. Seine Bekanntheit kann nur mit wenigen anderen »Wallfahrtstätten der Nation« wie dem Völkerschlachtdenkmal oder der Walhalla verglichen werden, und hat dazu beigetragen, Lippe in aller Welt bekannt zu machen.

Ähnlich unsicher wie der Ort der Schlacht ist die Faktenlage zur Gestalt des siegereichen Cheruskerfürsten: Die Unklarheiten beginnen schon bei seinem Namen: Hermann, Harminius, Arminius, Armin? Richtig hieß er wohl Arminius, der Name Hermann ist erst von Lu-

Reklame einer Tabakfirma aus Habana, Cuba

ther aus dem lateinischen dux belli in das deutsche Heer-Mann übersetzt worden. Aber auch die Gestalt des Arminius selbst ist schon lange zu einem populären Mythos geworden, der sich von der historischen – sowieso unklaren, weil nur von Spätgeborenen beschriebenen – Figur längst gelöst hat.

Viel interessanter als der historische Arminius, über den man ohnehin nicht allzu viel weiß, sind die erzählerischen Gestalten, die die Figur inzwischen angenommen hat. Die Sagenbildung beginnt bereits bei Tacitus, der die Figur des Arminius und die Niederlage des Varus als Negativ-Beispiel für die wachsenden Bedrohungen des Römischen Weltreiches benutzte. Seit der Reformation im 16. Jahrhundert – sozusagen im neuen »Kampf gegen Rom« – lag der Rückgriff auf den von Tacitus zum »Befreier Germaniens« stilisierten Arminius dann nahe.

Auf der Suche nach literarischem Rohstoff griffen in der Folge unzählige Schriftsteller auf die sagenhafte Gestalt des Arminius zurück: Humanisten, Barockdichtern und Aufklärern folgten Schriftsteller, die von der deutschen Einigungs- und Aufbruchsbewegung begeistert waren. Immer mehr wurde aus der historischen Figur ein mit vielen Emotionen beladenes Symbol für nationale Größe. Vor allem im Kaiserreich, in der Zeit der deutschnationalen Revanchepolitik nach 1918 und im Nationalsozialismus erfreute sich die Figur des Hermann großer Be-

Hermann löst nach dem Sieg über die Römer
der gefesselten Germania die Ketten

liebtheit. Danach wurde es etwas ruhiger um das Thema, doch finden sich auch zwischen 1945 und heute noch erstaunlich viele Texte, die auf Arminius-Hermann oder sein Denkmal im Teutoburger Wald Bezug nehmen, auch – aber keinesfalls ausschließlich – in ironischer und kritischer Absicht. Auch wenn sich die Figur des Hermann heute für viele als Symbol überlebt hat, so bleibt sie doch als Reibungs- und Projektionsfläche erhalten und damit weiter aktuell.

In dem vorliegenden Lesebuch wird versucht, eine möglichst breite Auswahl von Texten über Arminius-Hermann, die Schlacht und sein Denkmal vorzustellen. Den historischen römischen Beschreibungen folgen vorwiegend literarische Texte aus dem 16. bis 20. Jahrhundert. Die literarischen Vorlieben und ideologischen Vorstellungen des Herausgebers spielten bei der Auswahl der Texte keinerlei Rolle. Es wurde vielmehr versucht, dem Leser eine möglichst breite Palette zu bieten. Die Texte wurden – bis auf eine Ausnahme (Tacitus folgt aus inhaltlichen Gründen erst auf Cassius Dio) – chronologisch geordnet. Dieses Prinzip führt zum Teil zu verblüffenden Kontrasten, sowohl inhaltlich – wenn sich etwa von Scheffels satirisches Lied »Als die Römer frech geworden« neben Halms national gestimmtem Gedicht »Thusnelda« wiederfindet – als auch sprachlich – etwa wenn ein Abschnitt aus der »Hassenburg« von Peter Hille von »Deu Varussschlacht« in lippischem Plattdeutsch von August Bolhöfer und dem Bericht des »Hofzimmermeisters« Gehring über den Bau des Hermannsdenkmals eingerahmt wird. Aber es zeigen sich doch sehr deutlich allgemeine Entwicklungslinien in der Rezeption der Hermannsschlacht.

Notwendigerweise musste bei der Fülle von Texten zu dem Thema auf Beiträge vieler Autoren – wie z.B. Möser, Schlegel, Wieland, Eichendorff, um nur einige wenige zu nennen – verzichtet werden. Es bleibt der Trost, dass andere Herausgeber andere Schwerpunkte setzen werden. Zudem verbindet sich mit der Herausgabe dieses Büchleins mit kleinen Leseproben (die Texte mussten zum Teil leider gekürzt werden) die Hoffnung, möglichst viele Leser zum Weiterlesen motivieren zu können. Um die Lektüre so angenehm wie möglich zu machen, wurde die Rechtschreibung durch behutsame Veränderung der älteren Texte mit wenigen Ausnahmen leicht vereinheitlicht. Ich wünsche dem Band eine freundliche Aufnahme und allen Leserinnen und Lesern viel Freude bei der Lektüre.

Rosdorf, im November 2008

Die Niederlage des Varus

Tiberius hatte gerade erst den pannonischen und dalmatischen Krieg beendet, als innerhalb von fünf Tagen nach Vollendung eines so gewaltigen Werkes Trauerbotschaften aus Germanien die Nachricht brachten, Varus sei getötet, drei Legionen und ebensoviele Reitergeschwader sowie sechs Kohorten seien niedergemacht worden (...).

Sowohl die Angelegenheit selbst als auch die Person erfordern, ausführlicher darauf einzugehen. Quintilius Varus stammte aus einer eher berühmten als vornehmen Familie, war von sanfter Gemütsart, ruhigen Umgangsformen und körperlich wie geistig etwas schwerfällig. Er war mehr an das geruhsame Lagerleben als an den Gefechtsdienst gewöhnt. Wie wenig er wahrlich das Geld verachtete, kann Syrien bezeugen, das er verwaltet hatte. Arm kam er in ein reiches Land, reich verließ er ein armes Land. Als er das Heer, das in Germanien stand, kommandierte, meinte er, die Germanen seien Menschen,

Varus

Varus hält Gericht

die außer Sprache und Gestalt nichts Menschliches hätten, und wer sich mit dem Schwert nicht bändigen lasse, könne mittels des Rechts besänftigt werden. Mit diesem Vorsatz ging er ins Innere Germaniens wie zu Menschen, die sich an der Süßigkeit des Friedens freuten, und zog die Sommerkampagne hin mit Rechtsprechen (...).

Jene hingegen sind, wie kaum einer glaubt, der sie nicht kennt, bei all ihrer Wildheit äußerst schlau und ein zur Lüge geborener Menschenschlag. Sie täuschen eine erdichtete Reihe von Rechtsstreitigkeiten vor, fordern einander vor Gericht, sagen dann wieder Dank, weil die römische Gerechtigkeit den Fall geschlichtet habe, und ihre Wildheit durch das Neue der bisher unbekannten Ordnung sich schon mildere. Denn was man gewohnt war, mit den Waffen zu entscheiden, werde nun durch das Recht geordnet. So verleiteten sie den Quintilius zu größter Sorglosigkeit, und es kam sogar dahin, daß er glaubte,

er spräche als Stadtprätor auf dem Forum in Rom Recht
und stehe nicht mitten im germanischen Gebiet an der
Spitze eines Heeres. Da nutzte ein junger Mann aus ed-
lem Geschlecht, stark heißblütig und von weit rascherem
Verstand als üblicherweise Barbaren, namens Arminius,
der Sohn des Sigimerus, eines Fürsten dieses Stammes,
der sein Temperament im Mienenspiel und in seinen
Blicken zeigte, unsere voraufgehenden Kriegszüge ständig
begleitet und neben dem römischen Bürgerrecht auch die

Arminius

Würde des Ritterstandes erreicht hatte, die Nachlässigkeit des Heerführers zu einem Verbrechen aus. Sehr klug hatte er erkannt, daß derjenige besonders rasch besiegt werden kann, der nichts befürchtet, und daß fast immer Sorglosigkeit am Beginn eines Unglücks steht. Zunächst weihte er nur wenige, dann mehrere in seine Pläne ein. Er sagt und beweist ihnen, daß die Römer besiegt werden können. Den Beschlüssen läßt er Taten folgen und bestimmt den Zeitpunkt des Überfalls. Dies wird Varus durch einen treuen Mann dieses Stammes aus berühmter Familie, Segestes, angezeigt. (...).

Doch das Schicksal war schon stärker als die Entschlüsse des Varus und hatte ihm all seine Verstandesschärfe genommen. So geschieht es gewöhnlich, daß die Gottheit, die das Glück eines Menschen wandeln will, ihn der Urteilsfähigkeit beraubt und, was am meisten zu beklagen ist, den Eindruck hervorruft, was geschehen ist, sei ihm auch ganz recht geschehen. So wird der Unfall zur Schuld. Daher weigert er sich, der Sache Glauben zu schenken, und erklärt, daß er die Erwartung auf loyale Haltung ihm gegenüber nach den Verdiensten eines Mannes einschätze. Nach der ersten Anzeige blieb nicht länger Zeit für eine zweite.

Den Ablauf des schrecklichsten Unglücks, wie es nach der Niederlage des Crassus bei den Parthern kein schlimmeres unter fremden Völkern für die Römer gegeben hat, will

Schlacht im Teutoburger Wald

ich, so wie andere dies getan haben, in einem entsprechenden Buch darzulegen versuchen. Hier soll nur das Wichtigste in Trauer berichtet werden. Das Heer – es war das tapferste von allen und nach Zucht, Schlagkraft und Erfahrung in vielen Kriegen unter allen römischen Truppen das erste – wurde durch die Schlaffheit des Führers, die Hinterlist des Feindes und ein ungerechtes Schicksal eingeschlossen, wobei ihnen, wie gern sie dies auch wollten, nicht einmal eine straflose Gelegenheit zum Kampf oder Ausbruch gegeben war, ja sogar mit harter Strafe wurden einige belegt, weil sie Römerwaffen und Römermut

21

Die Hermannsschlacht

gebrauchten. Das Heer wurde von Wäldern, Sümpfen und Hinterhalten eingeschlossen und von einem Feinde bis zur völligen Vernichtung niedergemetzelt, den es stets wie Vieh abgeschlachtet und über dessen Leben oder Tod es einmal im Zorn ein anderes Mal mit Nachsicht entschieden hatte. Der Heerführer hatte mehr Mut zu sterben als zu kämpfen und tötete sich selbst, dem Beispiel seines Vaters und Großvaters folgend. So rühmlich wenigstens das Beispiel des einen Lagerpräfekten, des L. Eggius, war, so schimpflich verhielt sich der andere, Celonius, der, als die Schlacht den weitaus größten Teil der Soldaten schon vernichtet hatte, die Kapitulation veranlaßte und lieber durch das Henkerbeil als im Kampf sterben wollte. Numonius Vala aber, der Legat des Varus, gewöhnlich ein ruhiger und rechtschaffener Mann, gab ein unheilvolles Beispiel, indem er das Fußvolk ohne Reiterschutz ließ und mit den Alen fluchtartig abrückte, um den Rhein zu erreichen. Seine Untat wurde vom Schicksal gerächt, denn er überlebte die von ihm im Stich gelassenen Soldaten nicht, sondern fiel als Deserteur. Den halbverbrannten Körper des Varus hatte der wilde Feind zerfleischt. Sein Haupt wurde vom Rumpf getrennt, zu Maroboduus gebracht und von diesem zum Kaiser Augustus geschickt und trotz allem durch Beisetzung im Familiengrab geehrt.

(ca. 25 n. Chr.)

23

Der Hochmut des Varus

Doch es ist schwieriger, Provinzen zu behalten, als sie zu schaffen. Mit bewaffneter Macht erringt man sie, durch Gerechtigkeit erhält man sie sich. So war die Freude nur kurz. Denn die Germanen waren eher besiegt als gebändigt, und sie achteten unter dem Feldherrn Drusus unsere Lebensart mehr als die Militärmacht. Nachdem dieser gestorben war, begannen sie, die Gier und den Hochmut des Quintilius Varus nicht weniger als seine Grausamkeit zu hassen. Er wagte es, einen Landtag abzuhalten, und erließ unvorsichtig Vorschriften, als könnte er der Gewalttätigkeit der Barbaren durch die Ruten des Liktors und die Stimme des Herolds Einhalt gebieten. Jene dagegen, die schon längst wegen ihrer roststumpfen Schwerter und der untätig herumstehenden Pferde murrten, griffen, sobald sie der römischen Togen gewahr wurden und der Gerichtsentscheidungen, die schlimmer als die Waffen wüteten, unter der Führung des Arminius zu den Waffen. Derweil vertraute Varus dem Frieden so sehr, daß er sich nicht einmal beunruhigte, als Segestes als einziger der Fürsten die Verschwörung verriet. So griffen sie den Ahnungslosen und nichts derartiges Befürchten-

Die Varusschlacht

*Opferung gefangener
Römer durch germanische
Priesterinnen*

den überraschend an, als
jener – welche Sorglosig-
keit! – Leute vor Gericht
lud, und von allen Seiten brachen sie herein. Das Lager
wurde ausgeraubt, drei Legionen wurden überwältigt.
Varus folgte dem allgemeinen Untergang mit gleichem
Schicksal und in gleichem Geist wie Aemilius Paulus am
Tag der Schlacht von Cannae. Nichts war blutiger als
dieses Gemetzel in Sümpfen und Wäldern, nichts war
unerträglicher als der Hohn der Barbaren, besonders aber
gegenüber den Gerichtsherren. Den einen stachen sie die
Augen aus, den anderen hieben sie die Hände ab; einem
wurde der Mund zugenäht, zuvor aber die Zunge her-
ausgeschnitten. Diese hielt ein Barbar in der Hand und
sagte: »Endlich hast du Natter aufgehört zu zischen.«

Grausame Strafen für die Römer

Selbst der Leichnam des Konsuls, den die Soldaten aus Ehrfurcht beerdigt hatten, wurde wieder ausgegraben. Feldzeichen und zwei Legionsadler besitzen die Barbaren noch heute; bevor der dritte in die Hände der Feinde geraten konnte, riß ihn der Standartenträger ab, steckte in ihn die Öffnungen seines Wehrgehenks und verbarg sich so im blutigen Sumpf. Diese Niederlage bewirkte, daß die römische Herrschaft, die an der Küste des Ozeans nicht halt gemacht hatte, am Rheinufer ihre Grenze fand.

(120 n. Chr.)

27

Die Schlacht im Teutoburger Wald

Das Gebirge war nämlich reich an Schluchten und un-
eben, die Bäume standen dicht und überhoch gewachsen,
so daß die Römer schon vor dem feindlichen Überfall
mit dem Fällen der Bäume, dem Bauen von Wegen und
Brücken, wo es sich erforderlich machte, große Mühe
hatten. Sie führten auch viele Wagen und Lasttiere mit
sich, wie mitten im Frieden. Dazu folgten ihnen nicht
wenige Kinder und Frauen sowie der übrige riesige Troß,
so daß sie schon deshalb weit auseinandergezogen marschieren mußten. Gleichzeitig brachen noch heftiger Regen und Sturm los und zersprengten sie noch mehr; der
Boden, um die Wurzeln und unten um die Baumstämme
herum schlüpfrig geworden, machte jeden Schritt für sie
zu einer Gefahr, und abbrechende und herabstürzende
Baumkronen schufen ein großes Durcheinander. Während sich die Römer in einer derart verzweifelten Lage
befanden, kreisten sie die Barbaren, die ja alle Schleich-
wege kannten und unvermutet selbst aus den dichtesten
Wäldern hervorkamen, von allen Seiten zugleich ein.
Anfangs schossen sie nur von weitem, dann aber, als sich
keiner wehrte und viele verwundet wurden, begannen sie

den Nahkampf. Denn da die Römer nicht irgendwie geordnet, vielmehr mitten zwischen den Wagen und dem unbewaffneten Troß marschierten, sich auch nicht so leicht zusammenschließen konnten und so den immer wieder angreifenden Feinden jeweils an Zahl unterlegen waren, erlitten sie viele Verluste, ohne selbst dagegen irgend etwas auszurichten.

Sobald sie einen geeigneten Platz gefunden hatten, soweit dies in einem Waldgebirge überhaupt möglich war, schlugen sie dort ein Lager auf, dann verbrannten sie die Mehrzahl der Wagen und alles andere, was sie nicht unbedingt brauchten, oder ließen es zurück, brachen dann am anderen Morgen in etwas besserer Ordnung auf, so daß sie bis zu einer Lichtung kamen; doch war ihr Abzug nicht ohne blutige Verluste geblieben. Von dort brachen sie erneut auf und gerieten wieder in die Wälder, wehrten sich zwar gegen ihre Angreifer, doch brachte gerade dies ihnen die Verluste; denn wenn sich auf dem engen Raum Reiter und Fußsoldaten zusammenschlossen, um sie gemeinsam anzugreifen, kamen sie zu Fall, weil sie entweder über einander oder auch über die Baumwurzeln stolperten. So brach der vierte Tag ihres Marsches an, als erneut ein starker Regen und ein furchtbarer Sturm sie überfielen, so daß sie weder vorwärtskommen noch fest auf der Stelle stehen, ja nicht einmal ihre Waffen gebrauchen konnten.

Denn Pfeile, Wurfspieße, sogar auch die Schilde waren, da alles völlig durchnäßt war, kaum zu benutzen. Die

Feinde dagegen, die größtenteils leicht bewaffnet waren und ohne Gefahr die Möglichkeit zum Angriff und Rückzug hatten, traf das weniger. Dazu konnten sie, da ihre Zahl sich stark vergrößert hatte – denn von den übrigen, die vorher noch vorsichtig gewesen waren, eilten viele herbei, hauptsächlich um Beute zu machen –, jene, deren Zahl sich bereits verringert hatte – denn viele waren in den vorhergehenden Kämpfen gefallen –, leichter umzingeln und niederhauen. Da entschlossen sich Varus und die übrigen hohen Offiziere aus Furcht, lebendig gefangen oder gar von ihren unerbittertsten Feinden umgebracht zu werden, zumal sie bereits verwundet waren, zu einer furchtbaren, aber notwendigen Tat: sie töteten sich selbst.

Als dies bekannt wurde, da gab auch jeder andere, selbst wenn er noch bei Kräften war, seinen Widerstand auf. Die einen folgten dem Beispiel ihres Feldherrn, die anderen warfen ihre Waffen weg und ließen sich von dem ersten besten töten, denn an Flucht war überhaupt nicht zu denken, selbst wenn man es noch so gern gewollt hätte.

(211/212 n. Chr.)

Tacitus

Germanicus erweist Varus die letzte Ehre

Die Kunde von der Unterwerfung und der wohlwollen-
den Aufnahme des Segestes wird, je nachdem man dem
Kriege abgeneigt war oder ihn wünschte, mit Hoffnung
oder mit Schmerz aufgenommen. Arminius trieb außer
seiner angeborenen Heftigkeit der Gedanke, daß seine
Gattin geraubt und ihre Leibesfrucht der Sklaverei unter-
worfen sei, wie einen Rasenden umher. Er flog durch das
Land der Cherusker und rief zum Kampf gegen Segestes,

Thusnelda im Triumphzug des Germanicus

32

zum Kampf gegen Germanicus auf. Auch Schmähungen hielt er nicht zurück: Ein herrlicher Vater, ein großer Feldherr, ein tapferes Heer, die mit zahllosen Händen ein einziges schwaches Weib fortgeschleppt hätten! Vor ihm seien drei Legionen und ebensoviel Legaten in den Staub gesunken! Denn er führe Krieg nicht mit Verrat und nicht gegen schwangere Frauen, sondern offen gegen bewaffnete Männer. Noch seien in den Hainen der Germanen die römischen Feldzeichen zu sehen, die er den heimischen Göttern geweiht habe. Möge Segestes auf dem unterworfenen Rheinufer wohnen! Möge er seinem Sohn das Priestertum für Menschen wiederverschaffen! Niemals würden die Germanen ganz verzeihen, daß sie zwischen Elbe und Rhein Ruten und Beile und die Toga hätten sehen müssen! Andere Stämme, die nichts vom Römischen Reich wissen, hätten Hinrichtungen noch nicht kennengelernt und wüßten nichts von Steuern. Da sie das alles nun abgeschüttelt hätten, da unverrichteterdinge jener unter die Götter erhobene Augustus, jener auserkorene Tiberius abgezogen seien, sollten sie sich doch nicht vor einem unerfahrenen Jüngling, vor einem aufrührerischen Heer fürchten! Wenn sie die Heimat, die Eltern und die alten Verhältnisse mehr liebten als Zwingherren und neue Römerstädte, sollten sie lieber dem Arminius als Führer zu Ruhm und Freiheit folgen als Segestes, der sie zu schmachvoller Knechtschaft führe.

Arminius und Flavus an der Weser

Durch solche Reden wurden nicht nur die Cherusker, sondern auch die Nachbarstämme aufgewiegelt, und Inguiomerus, des Arminius Onkel von väterlicher Seite, wurde auf dessen Seite hinübergezogen, obwohl er bei den Römern seit langer Zeit in Ansehen stand. Dieser Vorfall steigerte die Besorgnis des Caesars. Und damit der Krieg nicht auf einmal mit voller Wut hereinbreche, schickte er, um die feindlichen Kräfte zu zersplittern, Caecina Severus mit vierzig römischen Kohorten durchs Bruktererland bis an die Ems. Die Reiterei führte der Präfekt Albinovanus Pedo durch das Gebiet der Friesen. Er selbst ließ vier Legionen einschiffen und fuhr mit ihnen über die Seen, und zu gleicher Zeit trafen Fußtruppen, Reiterei und Flotte an dem vorher bestimmten Fluß zusammen. Die Chauken wurden, da sie die Stellung von Hilfstruppen versprachen, in die Heeresgemeinschaft aufgenommen. Die Brukterer, die ihr eigenes Land niederbrannten, schlug L. Stertinius, von Germanicus abkommandiert, mit leichtbewaffneten Truppen in die Flucht. Während des Mordens und des Plünderns fand er den Adler der XIX. Legion, der mit Quintilius Varus verlorengegangen war. Sodann wurde der Heereszug bis in die äußersten Teile des Bruktererlandes geführt und alles Land zwischen den Flüssen Ems und Lippe verwüstet, nicht weit vom Teutoburger Wald, in dem, wie es hieß, die Überreste des Varus und seiner Legionen noch unbestattet lagen.

Da ergriff den Caesar das Verlangen, den Soldaten und ihrem Feldherrn die letzte Ehre zu erweisen, und das gesamte anwesende Heer war in wehmütiger Stimmung im Gedanken an Verwandte und Freunde, ja auch wegen der Wechselfälle des Krieges und des Loses der Menschen. Caecina wurde vorausgeschickt, um die verborgenen Schluchten des Waldgebirges zu durchforschen sowie Brücken und Dämme in dem feuchten Sumpfland und den trügerischen Ebenen anzulegen. Dann gelangte man an die traurigen Stätten, die für den Anblick wie für die Erinnerung grauenvoll waren. Das erste Lager des Varus ließ an seinem weiten Umfang und an der Absteckung des Hauptplatzes die Arbeit von drei Legionen erkennen. Danach sah man an dem halbeingestürzten Wall und dem niedrigen Graben die Stelle, an der sich die bereits zusammengeschmolzenen Reste festgesetzt hatten. Mitten auf dem Felde lagen bleichende Knochen, zerstreut oder in Haufen, je nachdem sie von Flüchtigen oder von einer noch Widerstand leistenden Truppe stammten. Daneben lagen zerbrochene Waffen und Pferdegerippe, an Baumstämmen waren Schädel befestigt. In Hainen in der Nähe standen die Altäre der Barbaren, an denen sie die Tribunen und die Zenturionen ersten Ranges geschlachtet hatten. Männer, die jene Niederlage überlebt hatten und aus der Schlacht oder der Gefangenschaft entkommen waren, berichteten, hier seien die Legaten gefallen, dort seien die Legionsadler erbeutet worden, wo Varus die erste Wunde erhalten, wo er durch einen mit unseliger Hand selbstgeführten Stoß den Tod gefunden habe, von welcher Erhöhung herab Arminius zu dem versammelten Heer gesprochen, wieviele Kreuzbalken für die Gefangenen, welche Gruben er habe machen lassen, und wie er im Übermut die Feldzeichen und Adler verspottet habe.

So bestattete das römische Heer, das jetzt da war, sechs Jahre nach der Niederlage die Gebeine der drei Legionen. Da niemand wußte, ob er die Reste Fremder oder die seiner Angehörigen mit Erde bedeckte, begruben sie sie alle als Freunde und Blutsverwandte, unter wachsendem Zorn gegen die Feinde, trauernd und zugleich erbittert. Das erste Rasenstück zur Errichtung des Grabhügels legte der Caesar hin. So erwies er den Toten den größten Lie-

Germanicus bestattet die unter Varus Gefallenen

besdienst und bekundete den Lebenden seine Teilnahme
an ihrer Trauer. Tiberius billigte dies alles nicht, sei es,
weil er jede Maßnahme des Germanicus negativ beur-
teilte, sei es, weil er glaubte, der Anblick der Erschlage-
nen und Unbestatteten müßte den Kampfgeist des Heeres lähmen und es furchtsamer gegenüber den Feinden
machen. Auch hätte sich der Überfeldherr als Inhaber der
Augurenwürde und uralter religiöser Weihen nicht mit
Leichenbestattung befassen dürfen.

(um 100 n. Chr.)

38

Arminius – Ein Wettstreit in der Unterwelt

Minos

Meine hochverehrten Helden! Hier stelle ich Euch Hermann, den alten Anführer der Deutschen, vor, welcher für deren Freiheit gegen die Römer gekämpft hat und den Sieg davontrug. Als er erfuhr, daß ihr vor mir darüber gestritten hättet, wer den ersten Rang unter den Feldherrn verdiente und daß ich in dieser Sache meinen Schiedsspruch abgegeben hätte, hat er sich beklagt, daß er ungerechterweise dabei übergangen sei. Er glaubt nämlich Beweise in der Hand zu haben, die, wenn er nur die Gelegenheit habe sie vorzubringen, dartun würden, daß niemand ein größeres Recht habe als er, die Siegespalme in diesem Wettstreite davonzutragen

Alexander

So laß ihn sprechen.

Scipio

Jawohl.

Hannibal

Ich bin nicht dagegen.

Arminius – Hermann

Minos

Also Hermann, sprich!

Hermann

Ich möchte zunächst einen Römer, einen gewissen Tacitus, hierher geladen haben, damit dieser hier wiederhole, was er über mich in seinem Geschichtsbuche berichtet hat.

Minos

Merkur, hol auch ihn heran!

Merkur

Heda! Tacitus, ja du bist es, den ich rufe. Komm her, damit du hier deine Aussage machst. – Da ist der Mann!

Hermann

Italiener, ich möchte dich um einen großen Dienst bitten, hier vor allen Anwesenden nämlich die Darstellung zu wiederholen, welche du in deinem Geschichtsbuch über mich gemacht hast.

Tacitus

Meinst du die Stelle, wo ich über deinen Untergang berichtete?

Hermann

Genau dieselbe.

41

Tacitus

Der Bericht lautet also: Nach dem Rückzug der Römer und der Vertreibung des Marabochus bemächtigte sich Hermann der Macht. Das Volk, welches die Freiheit über alles schätzte, widersetzte sich ihm. Hermann griff zu den Waffen und kämpfte mit wechselndem Glück. Er fiel, ein Opfer der Hinterlist seiner nächsten Angehörigen. Er war zweifelslos der Befreier Germaniens. Im Unterschied von anderen Königen und Heerführern griff er die Römer nicht zu einer Zeit ihrer erst beginnenden Macht an, sondern als das römische Reich in seiner machtvollsten Blüte stand. Trotz wechselvoller Schlachten wurde er doch

im Kriege nicht besiegt. Er wurde 37 Jahre alt und hat während zwölf Jahren die Herrschergewalt innegehabt. Die germanischen Völker feiern ihn noch heute in ihren Liedern. Die griechischen Geschichtsschreiber berichten zwar über ihn nicht, weil sie nur die Taten ihrer Helden bewundern. Auch bei den Römern wird er nicht nach Verdienst gewürdigt. Denn wenn wir auch die Heldentaten der alten Zeit hochpreisen, so sind wir gleichgültig gegenüber der jüngsten Zeit. (...).

Hermann

Da Tacitus nun ein so hervorragender Gelehrter war und meine Lebensschicksale genau kannte, hat er in seinen Schriften eine solche Darstellung meines Lebens hinterlassen, daß ich ja weiter nichts zu sagen brauchte. Es kann keinem Zweifel unterliegen, daß dieses von einem Feinde zu meinen Gunsten abgegebene Zeugnis für mich mit Recht von allergrößtem Werte sein muß. Zunächst nennt man mich den »Befreier Deutschlands« und es heißt schon etwas, diese damalige römische Provinz mit Waffengewalt den Römern bei Berücksichtigung ihres damaligen Rüstungszustandes entrissen zu haben und gegen ihren Willen und ihren stärksten Widerstand den Deutschen die Freiheit von denen zurückgewonnen zu haben, welche sie zu Sklaven machen wollten. Tacitus fügt in seiner Geschichtsdarstellung hinzu – und das ist ein höchstes Lob für mich –, daß dies gewaltige römische Reich nicht, als es gerade entstanden war und begann sich zu festigen – so wie es bei den übrigen Königen und Feldherrn, z. B. bei Pyrrhus, bei Antiochus und dem hier anwesenden Hannibal der Fall war –, nein, daß ich vielmehr dies römische Reich, als es schon festen Bestand hatte und in höchster Machtentfaltung stand, nicht nur, als es uns mit Krieg überfiel, hingehalten, sondern obendrein selbst zum Kampfe herausgefordert, angegriffen und schließlich den Krieg gegen die Römer als einziger von allen ihren Feinden, selbst unbesiegt, zu gutem Ende geführt habe. Aus diesem Grunde hält Tacitus mich auch für den Würdigsten, um sowohl in den griechischen als auch in den römischen Geschichtsbüchern gefeiert zu werden.

Wenn so nach Ansicht aller, so lange die Welt besteht, es niemals eine größere Macht als die römische gab und auch kein gewaltigeres Reich, und ich diese, als sie in größter Blüte und Machtentfaltung standen, besiegt habe, so glaube ich, daß ich auch mit vollem Recht als der größte Feldherr und in der Kriegsführung erfahrendste Heerführer anerkannt werden muß. Habe ich doch eine schier unbegrenzte Herrschergewalt, die größte Kriegsmacht und das gewaltigste Reich im Kriege überwunden.

(1519)

Aventin

Arminius, den man Hermann nennt

Arminius, den man nennet Herman
Ein junger Heldt, ein kühner Mann,
Von Leib und Gemüt wol aufferwachsen,
Geboren vom Hartz, ein Fürst zu Sachsen.

(1533)

Arminius

45

David Casper von Lohenstein

Großmüthiger Feldherr Arminius

Arminius entdeckt die wahre Siges-Bahn.
Schau! wie Heliodor sich gantz erschrocken flüchtet:
Schau! was Barclajus selbst und Scudery gethan;
Schau! wie Marini starrt / wie Sidney sich entsetzet /
Und wie Biondi fast vor Neid zerbersten wil.
Sie haben ja vorhin die kluge Welt ergötzet:
Jedweder sehnte sich nach ihrem Helden-Spil.
Jtzt aber ist es aus: du hast allein gesiget.

(1689)

Friedrich Gottlieb Klopstock

Hermann

»Hermann, Hermann singen dem Widerhall,
Dem geheimen Graun des Hains, den Liebling
der Edelsten,
Die Barden in vollem Chor, den Führer der Kühnsten
In vollem Chor, den Befreier des Vaterlands!

(...)

Der Schwestern mehr wollt' er Cannä geben,
Gespielen Varus in Elysium!
Ohne der Fürsten neidenden überrufenden Rathschluß
Ward Varus Gespiele Cäcina!

(...)

Der Sturmbesieger erzählt:
In dem Oceane des fernen Nords ist ein Eilandsberg,
Der flammenverkündenden Dampf, als wälz' er Wolken,
wälzt,
Dann strömet die hohen Flammen und meilenlang
krachende Felsen wirft.

So verkündete Hermann durch seine Schlacht,
Entschlossen, zu gehn
Über die schützenden Eisgebirge, zu gehn
Hinab in die Ebnen Roms,

Zu sterben da oder im stolzen Capitol,
Dicht an der Wagschal' Jupiters,
Zu fragen Tiberius und seiner Väter Schatten
Um ihrer Kriege Gerechtigkeit.

Das zu thun, wollt' er tragen Feldherrnschwert
Unter den Fürsten; da zückten sie den Tod auf ihn,
Und im Blute liegt nun Der, in dessen Seele war
Der große Vaterlandsgedanke«.

(1797)

Heinrich von Kleist

Thusneldas Locke

Hermann. Was gibt's, mein Thuschen? Was erhitzt dich
so?

Thusnelda (erzürnt). Nein, dies ist unerträglich, Hermann!

Hermann. Was hast du? Sprich! Was ist geschehn, mein
Kind?

Thusnelda. Ich bitte dich, verschone fürder
mit den Besuchen dieses Römers mich.
Du wirfst dem Walfisch, wie das Sprichwort sagt,
zum Spielen eine Tonne vor;
doch wenn du irgend dich auf offnem Meere noch
erhalten kannst, so bitt' ich dich,
laß es was anders als Thusnelden sein.

Hermann. Was wollt' er dir, mein Herzchen, sag mir an?

Thusnelda. Er kam und bat, mit einer Leidenschaft,
die wirklich alle Schranken niederwarf,
gestreckt auf Knieen, wie ein Glücklicher,
um eine Locke mich –

Hermann. Du gabst sie ihm –?

Thusnelda. Ich –? Ihm die Locke geben!

Hermann. Was! Nicht, nicht?

Thusnelda. Ich weigerte die Locke ihm. Ich sagte,
ihn hätte Wahnsinn, Schwärmerei ergriffen,
erinnert ihn, an welchem Platz er wäre –
Hermann. Da kam er her und schnitt die Locke ab –?
Thusnelda. Ja, in der Tat! Es scheint, du denkst ich
scherze.
Inzwischen ich auf jenem Sessel mir
ein Lied zur Zither sang, löst' er
mit welchem Werkzeug weiß ich nicht bis jetzt,
mir eine Locke heimlich von der Scheitel
und gleich, als hätt' er sie, der Törichte,
von meiner Gunst davongetragen,

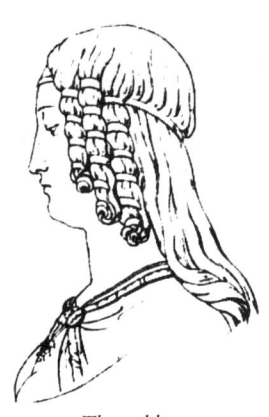

Thusnelda

50

drückt er sie glühend vor Entzücken an die Lippen
und ging mit Schritten des Triumphes
als du erschienst, mit seiner Beut' hinweg.

Hermann (mit Humor).

Ei, Thuschen, was! So sind wir glückliche
Geschöpfe ja, so wahr ich lebe,
daß er die andern dir gelassen hat!

Thusnelda. Wie? Was? Wir wären glücklich –?

Hermann. Ja, beim Himmel!
Käm er daher, mit seinen Leuten,
die Scheitel ratzenkahl dir abzuscheren:
ein Schelm, mein Herzchen, will ich sein,
wenn ich die Macht besitz', es ihm zu wehren.

Thusnelda (zuckt die Achseln).

– Ich weiß nicht, was ich von dir denken soll.

Hermann. Bei Gott, ich auch nicht. Varus rückt
mit den Kohorten morgen bei mir ein.

Thusnelda (streng).

Armin, du hörst, ich wiederhol' es dir,
wenn irgend dir dein Weib was wert ist,
so nötigst du mich nicht, das Herz des Jünglings ferner
mit falschen Zärtlichkeiten zu entflammen.
Bekämpf' ihn, wenn du willst, mit Waffen des Betrugs
da, wo er mit Betrug dich angreift;
doch hier, wo gänzlich unbesonnen
sein junges Herz sich dir entfaltet,

hier wünsch' ich lebhaft, muß ich dir gestehn,
daß du auf offne Weise ihm begegnest.
Sag ihm mit einem Wort bestimmt, doch ungehässig,
daß seine kaiserliche Sendung
an dich und nicht an deine Gattin sei gerichtet.
Hermann (sieht sie an).
Entflammen? Wessen Herz? Ventidius Carbos?
Thuschen, sieh mich mal an! – Bei unsrer Hertha,
ich glaub', du bild'st dir ein, Ventidius liebt dich.
Thusnelda. Ob er mich liebt?
Hermann. Nein, Sprich im Ernst, das glaubst du?

Hermann unterredet sich nach erfochtenem Sieg mit Thusnelda

So, was ein Deutscher lieben nennt,
mit Ehrfurcht und mit Sehnsucht, wie ich dich?

Thusnelda. Gewiss, glaub' mir, ich fühl's, und fühl's mit Schmerz,
daß ich den Irrtum leider selbst,
der dieses Jünglings Herz ergriff, verschuldet.
Er hätte ohne die betrügerischen Schritte
zu welchen du mich aufgemuntert,
Sich nie in diese Leidenschaft verstrickt;
und wenn du das Geschäft, ihn offen zu enttäuschen,
nicht übernehmen willst, wohlan,
bei unsrer nächsten Zwiesprach' werd' ich's selbst.

Hermann. Nun, Thuschen, ich versichre dich,
ich liebe meinen Hund mehr als er dich.
Du machst, beim Styx, dir überflüss'ge Sorge.
Ich zweifle nicht, o ja, wenn ihn dein schöner Mund
um einen Dienst ersucht, er tut ihn dir;
doch, wenn er die Orange ausgesaugt,
die Schale, Herzchen, wirft er auf den Schutt.

Thusnelda (empfindlich).
Dich macht, ich seh, dein Römerhaß ganz blind.
Weil als dämonenartig dir
das Ganz' erscheint, so kannst du dir
als sittlich nicht den einzelnen gedenken.

Hermann. Meinst du? Wohlan! Wer recht hat, wird sich zeigen.

Wie er die Lock' auf welche Weise
gebrauchen will, das weiß ich nicht;
doch sie im stillen an den Mund zu drücken,
das, kannst du sicher glauben, ist es nicht. –
Doch, Thuschen, willst du jetzt allein mich lassen?
Thusnelda. O ja. Sehr gern.
Hermann. Du bist mir doch nicht bös?
Thusnelda. Nein, nein. Versprich mir nur, für immer mich
mit diesem Toren aus dem Spiel zu lassen!
Hermann. Topp, meine Hand drauf, in drei Tagen
soll sein Besuch dir nicht zur Last mehr fallen!

(1821)

Christian Dietrich Grabbe

Die Schlacht auf dem Winfeld

Frühmorgens · Lager des Varus

Varus. Auf! (Die Legionen erheben sich.) Da bleiben Tausende liegen! Weckt sie!

Ein Legionär. Es geht nicht. Sie sind von alle dem Drangsal über Nacht gestorben.

Varus. Es sieht danach aus – –. Rücken wir vor. Südwestlich durch die Bergschluchten. –

Das Schlackerwetter! (Die Römer rücken aus und marschieren vorwärts.)

Hermann. Ingomar! (Ingomar schweigt.) Setz' dich wieder zu Pferd und störe sie mit den Anhängern, welche du wieder erhalten hast, wie du willst. – Sie kommen jetzt in unser rechtes Waldrevier und seine beschwerlichen und verworrenen Wege. Da ist für dich zu tun, aber für offene Schlachten taugst du nicht so sehr, als du vorgestern glaubtest.

Ingomar. Die Beleidigung, Neffe, welche du mir angetan hast, ist, wie gesagt, da, und nicht abzuändern, ob du auch sie mit Liebkosungen vertuschen willst. – Doch dein Befehl, daß ich die Römer wieder angreifen soll, ist das vernünftigste Wort, welches seit zehn Jahren über

55

deine Lippen kam. (Er steigt zu Pferd und deutet mit seinem Speer auf die Legionen.) Folgt dem Winke dieser langen Fingerspitze!

Varus. Stets ruhig weiter, und bekümmert euch um nichts. Es sind nur Bremsen.

Ingomar (zu seinen Leuten). Haltet. – Mein Pferd hat sein Hufeisen verloren.

Ein Deutscher. Die Welschen kommen unter der Zeit, ehe das gefunden und wieder angeschmiedet wird, weiter.

Ingomar. Mein Brandfuchs ist mir lieber als Millionen Welsche.

Wigand, der Schmied. Hier ist ein Stück von dem Hufeisen.

Ingomar. Flick's dem Tier an. Wenn es nur etwas unter den Hufen fühlt, ist es zufrieden. Was und wieviel ist ihm gleichgültig. Darauf versteht's sich nicht. – Bist fertig?

Kampf zwischen Römern und Germanen

Wigand. Ja.

Ingomar. Nun soll sie alle der Teufel holen! Angegriffen, als wären sie nichts Gutes!

Hermann (aus der Ferne). Fällt euch allerwärts die Bäume und werfet sie ihnen vor die Füße! Hier ist der alte Kriegs-, Wehr- und Wahrweg! Macht den stolzen Namen Ehre! Und den Fluß, in dem sie da verbluten, tauf' ich um: statt Berlebecke heißt er künftig Knochen- und Blutbach.

Zweite Szene
Die Falkenburg. Großes Zimmer. **Segest** und seine Knechte.

Segest. Eßt!

Die Knechte. Wir mögen nicht.

Segest. Was ist euch? Was murrt ihr?

Knechte. Vielerlei. Roms Sklaven wollen wir nicht länger sein.

Segest. Das sollt ihr sein und bleiben, und meine Diener dazu!

Knechte. Wir dienen keinem Fürsten, der bei den Welschen selbst ein Knecht und Kratzfuß ist.

Einer. Von jetzt an fechten wir zusammen mit Hermann und mit unsern Nachbarn, und stellst du dich auch dreißigmal dagegen auf den Kopf.

Segest. Hunde!

Knechte. Sieh' zu, welcher deiner sogenannten Hunde dir morgen die Stiefel wichst! (Sie gehen ab.)

Segest. Mir wird's öde zu Sinn, als würde mein Kopf trokken wie unsre sandige Senne, doch ohne von ihren wilden Pferden belebt und aufgestäubt zu sein. – Handelte ich denn unrecht oder unklug, als ich mich aus wohlbegründetem Haß gegen Hermann den Römern in die Hände warf? – Ich will sehen, was die nun einem verlassenen Greise, wie ich bin, dafür bieten. – Haus meiner Väter, lebe einstweilen wohl. Ich steige hinunter, doch komm' ich wieder herauf, werd' ich dich neu auszuschmücken wissen, das Blut meiner treulosen Knechte nicht dabei zu

Schlacht im Teutoburger Wald

58

vergessen. (Er steigt die Falkenburg hinunter und begegnet Varus.) Meine Leute haben mich verlassen, ich bleibe euch treu und biet' euch auch fernerhin meinen Arm an.

Varus. Der wird mir wenig helfen, alter Grauschimmel. Du hättet deine Leute besser in Zucht halten sollen. Geh du mir aus dem Wege. – Ich traue keinem Germanen mehr, sie lügen und trügen mit offener Stirn und haben's desto weiter hinter den Ohren und Bergen. Platz, sag ich, Schwächling und Heuchler zugleich! (Er stürzt ihn zur Erde und Segest verröchelt unter den über ihn marschierenden Legionen.)

Segest (im Sterben). Das mein Lohn?

Varus. Münze für Verrat. Wer seine Landsleute an Fremde verrät, wird's zuletzt mit den Fremden nicht besser machen, besonders im Cheruskawald.

Hermann. Da fiel was großes. Wer ist's?

Ein Deutscher aus Hermanns nächster Umgebung. Segest, dein Schwiegervater.

Hermann. Schweigt davon.

Varus. Der Weg vor uns wird steil. – (Für sich.) Was seh' ich? Seine Höhe bedeckt sich mit Wolken feindlicher Krieger!

Hermann (jauchzend). Die Chatten, sie sind da! Sie kommen uns in hellen Haufen entgegen über Tal und Berg! Nun, Varus! Siehe zu, wie du dich hinauswindest.

Varus. Weiter, weiter! Es gilt eu'r Alles! (Die Vortruppen der Chatten stürzen ihm von der Höhe der Landstraße entgegen.) Zurück!

Ingomar (im Rücken der weichenden Römer, mit Harzern, Ravensbergern usw. und seinen eignen Kiegern). Zurück!

Hermann (mit seinem Heere von West, und viele Bundsgenossen von der Weser und Elbe von Ost auf die Römer losstürzend). Beiseit!

Varus (kann ein Lächeln nicht unterdrücken). Zeus, wo soll man bleiben! Vorn und hinten heißt es zurück, und zu beiden Seiten heißt es beiseit. – Ach, schlagen wir uns rechts, da oben auf die breite Bergkuppe, welche alle Wege der Umgegend beherrscht.

Hermann. Sie drehen sich nach dem Windfeld zu, besehen wir es, und fortan heißt es Winfeld, weil wir darauf nicht Wind machen, sondern da gewinnen werden.

Varus. Dahinauf! (Gewaltige Gegenwehr der Deutschen unter Hermann auf dem Winfeld und Angriffe auf die Römer allerorts.) Es geht diesmal nicht. Erholen und stärken wir uns heute nacht, um morgen den Aufgang zu erzwingen.

Ein Quästor. Ja, wenn man uns in diesem Tal schlafen läßt und die Leute was zu essen und zu trinken hätten.

Varus. Auch ich habe weder Schlaf, noch einen Bissen zu verzehren. Damit mögen sie sich trösten. – Ein ordentliches Lager können wir in den schmalen Schluchten nicht aufschlagen, hätten wir auch noch die kräftigsten Hände. Ersparen wir uns die Mühe, und lagern wir auf der freien Erde. Die eine Hälfte des Heeres um die andere soll sich alle zwei Stunden ablösen, damit sie während der Nacht sich wechselweise beschützen.

Hermann. Lebendig sollt ihr auf unsrer Erde nicht mehr liegen. Stehen sollt ihr, wie reifes Ährenfeld, bis ihr gemähet hinfallt (sein Schwert schwingend) unter unsern Sicheln! (Zu seinen Truppen.) Gebt den Bundesgenossen die Signale, und greifen wir mit ihnen ringsum die ganze Nacht die Flüchtlinge an. (Hörner, Pauken, Kriegsgeschrei der Deutschen und allgemeiner Kampf.)

Varus. Bei bewandten Umständen hat die zweite Abteilung des Heeres, welcher ich das Niederlegen erlaubte, sich wieder zu erheben und in den Reihen mitzukämpfen.

Ein Römer (aufstehend). Säßen wir nur erst im Acheron, so wäre alles aus, mindestens wüßte man endlich, wie man daran wäre.

(1836)

Ernst Elias Niebergall

Wann der Hermann net gewäse wehr

Datterich (zu Bennelbächer). Hawwe-Se aach Ebbes for des Hermannsmonement unnerschriwwe?

Bennelbächer. Wann ich des Geld zu fresse hett! Mir setzt aach Kahner ahns, wann ich emol doht bin.

Datterich. Sie läwe im Gedächtniß von Ihre Freind, da braucht mer kah Monement.

Spirwes. Warum will mer dann Dem *zwah* setze?

Schmidt. Wie so zwah?

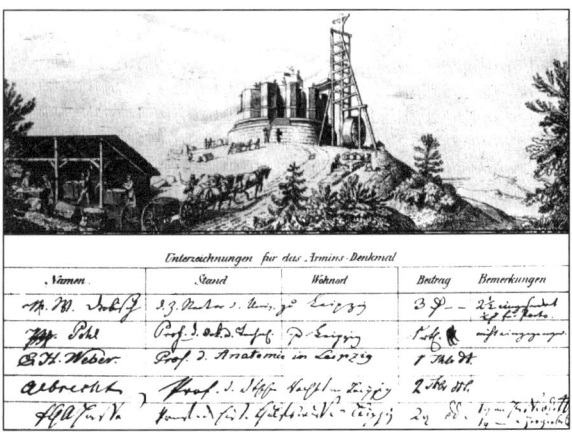

Spendenliste

62

Spirwes. In Mainz steht jo schon ahns; es wor doch Der, wo die Buschdawe erfunne hot?

Datterich. Nein, liewer Freind, des war e ganz Annerer: Der hat Deitschland befreit.

Spirwes. Ganz wohl, des wisse mer aach, awwer er hot Blicher gehaaße, des wor der Maschall Vorwerts.

Datterich. Aach net. Der Hermann hat vor lange Zeite geläbt un hot die Remer abkamesolt.

Bennelbächer. Ich will nix von dene Monemente wisse. Ich wor in Gernsem, wie se dem Scheffer do ahns gesetzt howwe: Gott, wann ich noch droh denk! Mer hot gemahnt, der Deiwel hett sein Sack mit Mensche ausgeleert gehatt: Alles wor der Ihne sindedeier un for sei Geld hot mehr net emol ebbes krije kenne. Mei Frah is mit Ahm Schuck hahmkumme un mir hat so e Rheiflejjel mei Peif aus dem Maul gestoße, daß se kabutt gange is. Ahmol bei eme Monement un net mehr.

Spirwes. Do howwe-Se ganz mei Reljon.

Datterich. Sie sinn mer scheene Padriote! Wann der Hermann net gewäse wehr, do hette die Remer Deitschland ganz unnerjocht.

Schmidt. Alleweil dehte mer vielleicht ladcinisch schwätze.

Bennelbächer. Des wehr recht gut, do deht mer doch aach dene Advekate ihr ladeinische Brocke vasteh.

(1841)

Heinrich Heine

Das ist der Teutoburger Wald

Das ist der Teutoburger Wald,
Den Tacitus beschrieben,
Das ist der klassische Morast,
Wo Varus stecken geblieben.

Hier schlug ihn der Cheruskerfürst,
Der Hermann, der edle Recke;
Die deutsche Nationalität,
Die siegte in diesem Drecke.

Wenn Hermann nicht die Schlacht gewann,
Mit seinen blonden Horden,
So gäb es deutsche Freiheit nicht mehr,
Wir wären römisch geworden!

In unserem Vaterland herrschten jetzt
Nur römische Sprache und Sitten,
Vestalen gäb es in München sogar,
Die Schwaben hießen Quiriten!

Der Hengstenberg wär ein Haruspex
Und grübelte in den Gedärmen
Von Ochsen. Neander wär ein Augur
Und schaute nach Vogelschwärmen.

Birch-Pfeiffer söffe Terpentin,
Wie einst die römischen Damen.
(Man sagt, daß sie dadurch den Urin
Besonders wohlriechend bekamen.)

Der Raumer wäre kein deutscher Lump,
Er wäre ein römischer Lumpacius.
Der Freiligrath dichtete ohne Reim,
Wie weiland Flaccus Horatius.

Der grobe Bettler, Vater Jahn,
Der hieße jetzt Grobianus.
Me hercule! Maßmann spräche Latein,
Der Marcus Tullius Maßmanus!

Die Wahrheitsfreunde würden jetzt
Mit Löwen, Hyänen, Schakalen
Sich raufen in der Arena, anstatt
Mit Hunden in kleinen Journalen.

Wir hätten Einen Nero jetzt
Statt Landesväter drei Dutzend.
Wir schnitten uns die Adern auf,
Den Schergen der Knechtschaft trutzend.

Der Schelling wär ganz ein Seneca,
Und käme in solchem Konflikt um.
Zu unsrem Cornelius sagten wir:
Cacatum non est pictum.

Gottlob! Der Hermann gewann die Schlacht,
Die Römer wurden vertrieben,
Varus mit seinen Legionen erlag,
Und wir sind Deutsche geblieben!

Wir blieben deutsch, wir sprechen deutsch,
Wie wir es gesprochen haben;
Der Esel heißt Esel, nicht asinus,
Die Schwaben blieben Schwaben.

Der Raumer blieb ein deutscher Lump
Und kriegt den Adlerorden.
In Reimen dichtet Freiligrath,
Ist kein Horaz geworden.

Gottlob, der Maßmann spricht kein Latein,
Birch-Pfeiffer schreibt nur Dramen
Und säuft nicht schnöden Terpentin
Wie Roms galante Damen.

O Hermann, dir verdanken wir das!
Drum wird dir, wie sich gebühret,
Zu Detmold ein Monument gesetzt;
Hab selber subskribieret.

(1844)

67

Joseph Victor von Scheffel

Als die Römer frech geworden

Als die Römer frech geworden,
Zogen sie nach Deutschlands Norden,
Vorne beim Trompetenschall
Ritt der Generalfeldmarschall,
Herr Quinctilius Varus.

Doch im Teutoburger Walde
Huh, wie pfiff der Wind so kalte;
Raben flogen durch die Luft
Und es war ein Moderduft
Wie von Blut und Leichen.

Plötzlich aus des Waldes Duster
Brachen krampfhaft die Cherusker;
Mit Gott für Fürst und Vaterland
Stürmten sie von Wut entbrannt
Gegen die Legionen.

Weh! das ward ein großes Morden.
Sie erschlugen die Kohorten;
Nur die römische Reiterei
Rettete sich noch ins Frei',
Denn sie war zu Pferde.

O Quinctili, armer Feldherr!
Dachtest du, daß so die Welt wär'?
Er geriet in einen Sumpf
Verlor zwei Stiefel und einen Strumpf
Und blieb elend stecken.

Da sprach er voll Ärgernussen
Zum Centurio Titiussen:
»Kamerade, zeuch dein Schwert hervor
Und von hinten mich durchbohr',
Da doch alles futsch ist.«

In dem armen römischen Heere
Diente auch als Volontäre
Scävola, ein Rechtskandidat,
Den man schnöd gefangen hat,
Wie die andern alle.

Diesem ist es schlimm ergangen;
Eh' daß man ihn aufgehangen
Stach man ihn durch Zung' und Herz,
Nagelte ihn hinterwärts
Auf sein Corpus Juris.

Als die Waldschlacht war zu Ende,
Rieb Fürst Hermann sich die Hände,
Und um seinen Sieg zu weihn,
Lud er die Cherusker ein
Zu 'nem großen Frühstück.

Nur in Rom war man nicht heiter,
Sondern kaufte Trauerkleider.
G'rade als beim Mittagsmahl
Augustus saß im Kaisersaal,
Kam die Trauerbotschaft.

Erst blieb ihm vor jähem Schrecken
Ein Stück Pfau im Halse stecken,
Dann geriet er außer sich
Und schrie: »Varus, Fluch auf dich!
Redde Legiones!«

Und zu Ehren der Geschichten
Tat ein Denkmal man errichten,
Deutschlands Kraft und Einigkeit
Verkündet es jetzt weit und breit:
»Mögen sie nur kommen!«

(1847/48)

Friedrich Halm

Thusnelda

Thusnelda liegt im Römerzelt gefangen.
Um sie der Leidgenossen dichte Schar;
Da glänzen Tränen rings auf bleichen Wangen
Und Kummer wühlt im aufgelösten Haar.

Da schallet Wehgeschrei und Ketten dröhnen,
Und höhnend in den Raum der Trauer bricht
Der Tuba Ruf mit freud'gen Siegestönen,
Und Alle weinen, nur Thusnelda nicht,

Sie denket ihres Hermanns großer Taten,
Der Hoffnung, die in ihrem Schoße ruht,
Sie denkt Segests, der schnöd' dem Feind verraten
In Hermanns Weib sein eigen Fleisch und Blut.

So sitzt sie schweigend auf des Zeltes Schwelle,
Und blickt hinaus nach ihrem Heimatland,
Und schimmernd färbt des Morgens Hoffnungshelle
Mit Purpurlichtern ihrer Berge Rand.

Da flammt ihr Blick in heil'ger Weihe Gluten,
Ihr Busen wogt und ihre Wange strahlt,
Als rauschten ihr der Weser heil'ge Fluten,
Als rauschte ihr der Teutoburger Wald.

Hermann und Thusnelda

Und sie springt auf; es weht um ihre Glieder,
Wie flüssig Gold, der blonden Locken Schwall;
Weissagung strömt von ihren Lippen nieder,
Und Deutschland dröhnt von ihrem Widerhall.

»Wehklage nicht, mein Volk, in deinen Ketten!
Wie übermütig auch der Dränger droht,
Es lebt ein Gott zu rächen und zu retten,
Und jedem Dunkel strahlt ein Morgenrot.

»Kein Volk hat ewig Ketten noch getragen,
Es kam ein Tag und seine Fessel brach,
Kein Volk hat ewig Ohnmacht noch geschlagen,
Es kam ein Tag und seine Kraft ward wach.

(...)

Thusnelda sprach's, und Deutschland hat's vernommen,
Und mehr als einmal brach es seine Haft;
Gedenket deß, wenn eure Tage kommen,
Ihr führt den Namen, zeigt der Väter Kraft!

(um 1850)

Wilhelm Raabe

Wo ist denn die Puppe?

Ein näherkommender Gesang weckte mich plötzlich; ich blickte auf. Brausend und schnaufend, die gelben Fluten gewaltig peitschend, kam der »Hermann« die Weser herunter. Der Kapitän stand auf dem Räderkasten und griff grüßend an den Hut, als das Schiff vorbeischoß. Hunderte von Auswanderern trug der Dampfer an mir vorüber, hinunter den Strom, der einst so viele Römerleichen der Nordsee zugewälzt hatte. Ein Männerchor sang: »Was ist des Deutschen Vaterland«, und die alten Eichen schienen traurig die Wipfel zu schütteln; sie wußten keine Antwort darauf zu geben, und das Schiff flog weiter. Die Weser trägt keine fremden Leichen mehr zur Nordsee hinab; wohl aber murrend und grollend ihre eigenen unglücklichen Söhne und Töchter! – Ich verließ meinen Ruheplatz und ging durch den Buchenwald den nächsten Berg hinauf bis zu einer freien Stelle, von wo aus der Blick weit hinausschweifen konnte ins schöne Land des Sachsengaus. Welch eine Scholle deutscher Erde! Dort jene blauen Höhenzüge – der Teutoburger Wald! Dort jene schlanken Türme – die große germanische Kulturstätte, das Kloster Corvey! Dort jene Berggruppe – der Idth! cui Idistaviso nomen sagt Tacitus. Ich bevölkerte die Gegend

mit den Gestalten der Vorzeit. Ich sah die achtzehnte, neunzehnte und zwanzigste Legion unter dem Prokonsul Varus gegen die Weser ziehen und lauschte ihrem fern verhallenden Todesschrei. Ich sah den Germanicus denselben Weg kommen und lauschte dem Schlachtlärm am Idistavisus; bis der große Arminius, der »turbator Germaniae«, durch die Legionen und den Urwald sein weißes Roß spornte, das Gesicht unkenntlich durch das eigene herabrieselnde Blut, geschlagen, todmüde. Ich sah, wie er die Cherusker von neuem aufrief zum Kampf gegen die »urbs«; wie das Volk zu den Waffen griff: pugnarn volunt, arma rapiunt; plebes, primores, juventus, senes!

Aber wo ist denn die Puppe? kam mir damit plötzlich in den Sinn. Ich schleuderte den Tacitus ins Gras, stellte mich auf die Zehen, reckte den Hals aus, so lang als möglich, und schaute hinüber nach dem Teutoburger Walde. Da eine vorliegende »Bergdrussel« mir einen Teil der fernen blauen Höhen verbarg, gab ich mir sogar die Mühe, in eine hohe Buche hinaufzusteigen, wo ich auch das Fernglas zu Hilfe nahm. Vergeblich; – nirgends eine Spur vom Hermannsbild! Alles, was ich zu sehen bekam, war der große Christoffel bei Kassel, und mit einem leisen Fluch kletterte ich wieder herunter von meinem luftigen Auslug. Hatte ich aber eben einen leisen Segenswunsch von mir gegeben, so ließ ich jetzt einen um so lauteren los. Ich sah schön aus! »Das hat man davon«, brummte ich, während ich mir

das Blut aus dem aufgeritzten Daumen sog, »das hat man davon, wenn man sich nach deutscher Größe umguckt, einen Dorn stößt man sich in den Finger, die Hosen zerreißt man, und zu sehen kriegt man nichts als – den großen Christoffel.« Ärgerlich schob ich mein Fernglas zusammen, steckte den Tacitus zurück in die Tasche und ging hinkend den Berg hinunter, wieder der Weser zu. Ärgerlich warf ich mich, am Rande des Flusses angekommen, abermals ins Gras. Was hatte sich alles zwischen die gefühlsselige Stimmung von vorhin und den jetzigen Augenblick gedrängt! Der Himmel war noch ebenso blau, die Berge noch ebenso grün, der Papierstreifen von vorhin steckte noch neben den Waldblumen an meinem Hute, und doch – wie verändert blickte mich das alles an! Hätte das Dampfschiff mit seinen Auswanderern nicht später kommen können, da es doch sonst immer lange genug auf sich warten läßt! Hätte ich Narr nicht unterlassen können, nach dem Hermannsbild auszuschauen? Wie ruhig könnte ich dann jetzt im Grase meinen Mittagsschlaf halten, ohne mich über den großen Christoffel, den so viele brave Katten mit ihrem Blute bezahlt haben, zu ärgern! – Ich versuchte mancherlei, um meinen Gleichmut wiederzugewinnen; ich kizelte mich mit einem Grashalm am Nasenwinkel, ich porträtierte einen dicken, gemütlichen Frosch, der sich unter einem Klettenbusch sonnte – es half alles nichts!

(1857)

Levin Schücking und Ferdinand Freiligrath

Der Unterbau des Hermannsdenkmals

Wenn nicht ein schöner und preiswürdiger Gedanke, wie so mancher andere löbliche Vorsatz in dieser Welt, an dem starren und schwer in Fluß zu bringenden Realismus der Dinge gescheitert wäre, so würde sich vor den Augen des Wanderers, welcher sich von den Extersteinen her weiter in den Teutoburger Wald vertieft, jetzt ein mächtiges und imposantes Denkmal unserer Heroenzeit – jener Zeit, als auf dem Boden der roten Erde die deutsche Geschichte ihre Taufe mit Strömen Römerbluts erhielt –, erheben, und ihm weit in die Ferne entgegenleuchten. Auf einer der Höhen in der Nähe Detmolds, der weithin sichtbaren Grotenburg, steht seit Jahren schon der Unterbau des Hermannsdenkmals vollendet. Das kolossale Standbild Armins, das 40 Schuh hoch darüber emporsteigen sollte, ist ebenfalls begonnen, und, nachdem es viele Jahre verlassen im Detmolder Museum gelegen, auf's Neue in Arbeit genommen, so daß seine endliche Herstellung in sichrer Aussicht steht. In der Tat ist es jetzt, wo die Summe, welche zur gänzlichen Vollendung noch fehlt, eine vergleichsweise so geringe ist, wo unserem westfälischen Lande die Entwicklung der letzten Jahre eine so gesteigerte Lebenstätigkeit und damit ein gesteigertes Selbstbewußtsein gebracht hat, eine Art Ehrensache für die Söhne der roten Erde, das einmal begonnene auch nun zu enden. Es ist ganz richtig, daß Hermann nicht mehr als Individualität im deutschen Volke lebt, daß wir keine bestimmten Fingerzeige haben, wie wir sein Standbild entwerfen, gewanden und ausstatten sollen ..., und was man sonst gegen die Idee vorgebracht hat, ihn in einem mächtigen Monumente zu erhöhen. Aber diese Ein-

Unterbau des Hermannsdenkmals

würfe sind unhaltbar, weil sie, konsequent verfolgt, die Standbilder, die man noch errichten dürfte, in einen sehr engen Kreis bannen würden. War es nicht bei Gottfried von Bouillon fast dasselbe? Ist es nicht ganz dasselbe bei den Standbildern der Jungfrau von Orleans, oder Karls des Großen, oder des Vercingetorix, ober gar bei jenen Denksäulen römischer Kaiser, mächtiger Helden wie des Ritters Roland, mit denen unsere mittelaltrigen Städte ihre freien Plätze, ihre schönen Brunnen schmückten? Fielen nicht am Ende auch alle Heiligenstatuen in unsern Kirchen fort?

Die Idee, dem großen Cheruskerfürsten ein Denkmal zu errichten, tauchte, von dem Bildhauer E. von Bandel aus Ansbach angeregt, in einer sehr ungünstigen Zeit auf, in einer Zeit, wo man in Deutschland sich in einer ganz besonders kosmopolitischen Stimmung befand – nach der Juli-Revolution, die bei uns zu jedem andern, nur nicht zur Erhöhung eines gesunden und tüchtigen Nationalgefühls führte. Das junge Deutschland beherrschte die Literatur und predigte Weltbürgertum. Ihm schien der Mann, der am Tore der deutschen Geschichte steht, eine sehr »austro-gotische« Figur; der Gedanke, ihn zu verherrlichen, wurde als romantische Grille lächerlich gemacht. Heute, Gott lob, stehen wir auf andern Standpunkten – heute,

wo zum eignen Geist
Das ganze Volk in seinem Drang sich wendet,
Und huldigend in schöner Treue preist
Was Großes in ihm selber sich vollendet –
Nicht kniend mehr vor fremder Götter Bilde
Nicht fremder Größe träumend untertan –

heute wird man schwerlich den Gedanken, eine unsrer
Waldhöhen mit einem mächtigen, an die folgenreichste
Tatsache unsrer ältesten Geschichte mahnenden Denkmal zu krönen, unpassend finden, und so, das ist unser
bescheidener Wunsch, möge das reiche westfälische Land
des der Vollendung sich nahenden Standbildes gedenken
und durch die geringen Opferspenden, von denen diese

Vollendung, bedingt ist, die Idee endlich zur Tat werden lassen.

Unsere Abbildung stellt die Denksäule dar, wie sie vor einem halben Menschenalter ursprünglich entworfen wurde – von dem Bildhauer E. von Bandel aus Ansbach, welcher den Gedanken ursprünglich angeregt hat und bis heute für ihn tätig gewesen ist. Der Grundstein zu dem Unterbau wurde am 8. Sept. 1841 gelegt, am 17. Juni 1846 der letzte Stein in die Kuppelwölbung gesetzt – das aus Quadersandsteinen ausgeführte Werk mißt 93 Fuß Höhe. Die aus getriebenem Kupfer hergestellte Statue soll bis zur Spitze des erhobenen Schwertes 90 Fuß Höhe erhalten.

(1872)

Ernst von Wildenbruch

Hermann, der Cherusker

Dies hier ist Hermann, der Cheruskerheld,
Und dies die Stätte, wo er Rom gefällt,
Blick um Dich, rings ist deutsches Vaterland,
Neig Dich vor ihm, Du dankst es seiner Hand

(1873)

Arminius

Joseph Ernst von Bandel

Arbeiten am Denkmal

Eine der schwersten Arbeiten war das Gipsmodell der 10 Gewölbe über und zwischen den Pfeilern, die nach vorn breiter und höher sind. Ich fertigte sie zur Winterzeit mit Hilfe zweier meiner Vorarbeiter in der Wohnung im Schlosse am Kanal, die mir vom Fürsten Durchlaucht, als ich in ganz Detmold keine Wohnung finden konnte, angewiesen und wozu mir die nötige Feuerung gegeben wurde. Dieser große Bau, im italienischen Stil von Quadersandstein ausgeführt, liegt in einem damals 14 Morgen großen Garten, mit der Vorseite parallel mit der schönen Kanalstraße; er war damals außer dem Erdgeschoß nur noch einen Stock höher. Die innere Einteilung war großartig, und durfte ich mich in den großen Räumen einrichten. Ein 43 und 34 F. großer Saal, 22 F. hoch, wurde unser Wohnzimmer, in dem sich unser junges Völkchen – 7 Kinder – mit ihren Nachbarsgespielen weidlich tummelten. Eine große Glastüre führte in den Garten. Rechts von diesem Saal war meine Werkstätte, 36 F. lang, 18 F. breit, darauf weiter mein Wohn- und Zeichnenzimmer etc. Links vom Saal waren meiner Frau große, helle Räume und die Schlafzimmer. Diese Räume

88

In der Geburtsstätte des Hermannsdenkmals

waren alle reich mit gewirkten Tapeten, Bildern – Ahnen
des Lipper Fürstenhauses – und reicher Stuckverzierung
ausgestattet; große, schwere Marmorkamine, vor denen
Öfen stunden, 10 F. hohe, 5 F. breite Fenster, alles war
großartig, hell und wohnlich, wenn auch alt, und viel verdorben. Diese Wohnung hatte mit ihren großen Kellern
und Küchenräumen, in denen die Kinder Tauben zogen,
und mit all dem Eulen- und Ratten- und Fledermäusege-
tier was romantisch Heimliches und war für die Kleinen
eine kleine Welt. Nun ist das Haus um ein Stockwerk

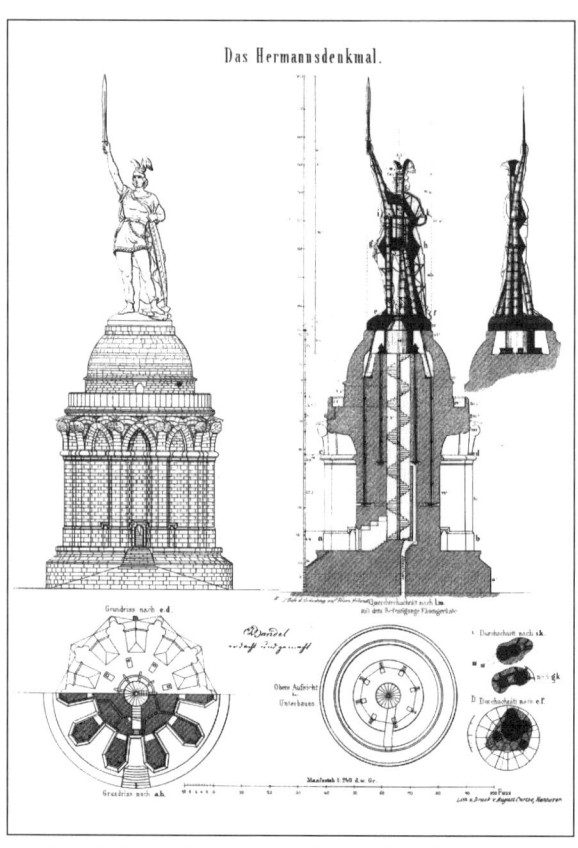

Grundriß, Querdurchschnitt, Obere Aufsicht des Unterbaus

90

erhöht, mit neustem Luxus ausgestattet, und als mich der nun Hochsel. Herr Fürst in seinen schönen Räumen herumgeführt hatte, frug er: »Nun gefällt es Ihnen doch besser als wie früher?« Da sagte ich: »Durchlaucht, als ich hier wohnte zwischen den gewirkten Jagden und Wäldern mit Papageien, neben Ihren ernsten Ahnen und heiteren Hofbildern, unter den Decken voll Engel und Geniengestalten, als da, wo Ihr schöner Kronleuchter hängt, am Schwingtau meine Buben kletterten, wo ich von meinen Marmorgebilden ins schöne Grün hinausschauen konnte, als ich vom Hämmern auf Marmor dem Spiel und Gesang meiner Frau und Kinder lauschen konnte, da gefiel es mir doch sehr viel besser hier als all die neue Pracht jetzt.« Durchlaucht mochte wohl ahnen, was alles mir die Räume lieber gemacht, und wendete sich das Gespräch auf anderes.

Nachdem ich mir im Schlosse am Kanal in Detmold meine Werkstatt recht schön eingeräumt und eines Tages eine kleine Veränderung vorgenommen hatte, ging ich im Dunkeln hinein, gedachte nicht der Veränderung und stieß mit dem Schienbein so stark an eine Postamentkante, daß ich mir die Knochenhaut durchschlug. Die Wunde wurde gefährlich und so schmerzhaft, daß ich nur noch auf dem Boden rutschend von einem Zimmer ins andere kommen konnte und ins Bett und Sofa gehoben und getragen werden mußte. Wochenlang war

Aufruf

zur
Errichtung eines Denkmals
für
Ernst von Bandel.

Protektor:
Se. Durchlaucht Fürst Leopold zur Lippe.

Vor 70 Jahren, als nach dem heldenhaften Aufschwunge Deutschlands in den Befreiungskriegen viele Patrioten an der lange erhofften, glühend ersehnten Einigung und inneren Befreiung des Vaterlandes verzweifelten, durchwanderte

Ernst von Bandel aus Ansbach

in jugendlicher Manneskraft den Teutoburger Wald. Er gedachte „dem alle deutschen Herzen durchströmenden Freiheitsgedanken ein sichtbares Zeichen zu geben" und „Hermanns Schwerterhebung ein Jahrhunderten trotzendes Denkmal zu setzen." Das Denkmal sollte sein eine Verklärung ruhmreicher Vergangenheit und ein begeisternder Weckruf für Taten der Zukunft.

So wie E. M. Arndt in seinen flammenden Dichterworten den Deutschen zugerufen hatte: „Deutsche Freiheit, deutscher Gott, deutscher Glaube ohne Spott, deutsches Herz und deutscher Stahl sind vier Helden allzumal," so wollte der von glühender Begeisterung ergriffene süddeutsche Künstler in der Idealgestalt des norddeutschen Helden Hermann nahe bei dem berühmten Schlachtfelde ein zu Taten begeisterndes sichtbares Vorbild deutschen Freiheitsgefühls und deutscher Tapferkeit auf hoher Warte hinstellen.

Daß Ernst v. Bandel in so früher Zeit diesen Gedanken faßte, war eine patriotische Tat, und daß er ihn trotz aller Hemmnisse durchführte, war das Werk eines unbeugsamen Charakters.

Fast 30 Jahre hat er mit nie rastendem Eifer an diesem Werke geschaffen — und als es in seiner stimmungsvollen Erhabenheit vollendet war, da war auch die ersehnte Einigung und Befreiung des deutschen Volkes, aus deren Idee das Denkmal herausgewachsen war, erfüllt.

Der erste Kaiser des neuen Reiches, der unbesiegte Heldenkaiser Wilhelm I., reichte dem siegreichen Schöpfer des großen Werkes bei der Weihe die Hand und sprach ihm im Namen Ganz-Deutschlands, seiner Fürsten und Völker, den verdienten Dank aus. —

92

ich leidend und las dabei Raumers Geschichte der Hohenstaufen, und meine Kinder quälten sich derzeit ab, auf dem Klavier »Mich fliehen alle Freuden etc.« spielen zu lernen. Dieser Unfall geschah in der Zeit, in der am Denkmale nicht gearbeitet wurde.

Durch meine Arbeiten auf dem Berge verhindert, konnte ich nur geringe gesellige Verbindungen in Detmold anknüpfen, und hatten wir nur treufreundschaftlichen Verkehr mit meinem lieben, biderben Freund Tegeler und seiner braven Hausfrau gefunden. Ich war mit meiner Familie schon 1½ Jahr in Detmold, als ich zum erstenmal gewürdigt wurde, in eine größere Gesellschaft eingeladen zu werden. Merkwürdig war es mir, daß, da die fürstlichen Durchlauchten stets huldvoll gegen uns waren, die sonst vornehme Lipper Welt uns möglichst ignorierte; wir waren ihnen nur hergelaufene Fremde. Nur sehr wenige wurden uns liebe Freunde. – Ich war alle Arbeitstage vor dem Beginn der Arbeit am Denkmale, eine Stunde Wegs, bei jedem Wetter oben auf dem Berge; alle diese Tage bekam ich mein Mittagessen erst nach 2 Uhr, das von einem Arbeitsmann von Detmold herausgebracht und kalt ankam und auch so kalt von mir verzehrt wurde; erst am Abend erhielt ich im Kreise meiner Familie warmes Essen. Die ersten Wochen hatte ich erst gar kein und später in einem Blockhause nur notdürftiges Obdach und kam deshalb oft ganz durchnäßt zurück.

Mein ganzem Treiben war während der 8 Jahre des Stein»
baues am Denkmal ein durchaus ganz absonderliches.
Ich war vollständig freier Herr meiner Wirksamkeit; die
Leute, die meinen Anordnungen folgten, waren mir wie
Kinder zugetan, tätig wie ich selbst, und bezeugten mir
allzeit eine liebevolle Achtung. Hemmnisse, die mir vor-
geschoben wurden, überstieg ich, ohne sie viel zu beach-
ten. Ich war mit meinem Völkchen ein einfachstes Leben
gewöhnt, und hatten wir keine Zeit zu mehr und fanden
unsere Lust in der Tätigkeit im schönen Wald, und wenn
der Winter uns Schranken zog, so hatten wir uns selbst
in unserer »Burg«, und der Kinder frische, heitere, freie
Laune brachte uns steten Sonnenschein. Freies Denken
hat solch Leben all meinen Kindern gebracht, und ich
hab's nicht verlernt.

(1875/76)

Felix Dahn

Siegesgesang der Deutschen
nach der Hermannsschlacht

Auf, Siegesgesang!
Fleuch wolkenentlang
Wie rauschendes Adlergefieder,
Daß hoch in Walhall'
Die Einheriar all'
Auflauschend schauen hernieder.
Seid bedanket zuvor,
Ihr, Wodan und Thor,
Ihr fochtet für eure Söhne.

Hermannsdenkmal 1875

95

Im Eichengebraus,
Im Sturmesgesaus,
Wir erkannten die göttlichen Töne.
In der Wolken Gebild,
Mit Speer und mit Schild,
Die Walkyren sahen wir jagen.
Wie der Drescher das Korn
Hat der himmlische Zorn
Die Fremdlinge niedergeschlagen.

Karikatur des Kladderadatsch zur
Einweihungsfeier 1875

Auf der Götter Altar
Bringt die Fahnen ihm dar,
Deren Rauschen die Wälder entehrte.
Die Legionen sind tot.
Und vom Herzblut rot
Liegt Varus im eigenen Schwerte.
Heil dem Helden Armin,
Auf den Schild hebt ihn!
Zeigt ihn den unsterblichen Ahnen!
Solche Führer wie er,
Gib, Wodan, uns mehr,
Und die Welt gehört den Germanen!

(um 1875)

97

Julius Wolff

Dem Befreier Deutschlands

Im Teutoburger Wald am Hünenringe
Steht eines Recken erzgeschmiedet Bild;
Im Waffenschmuck, am Helm des Adlers Schwinge,
Hoch, hoch das Schwert, gelehnt an seinen Schild,
So steht er riesengroß auf hoher Warte
Und blickt vom Berg, darum die Wolken zieh'n,
Uralten Ruhmes leuchtende Standarte,
Weit übers Tal, – Alldeutschland, siehst du ihn?

O glüht und funkelt ihm, ihr Bergesgipfel,
Ihr deutschen Ströme, blinkt und blitzt ihm zu,
Ihr Lindenkronen und ihr Eichenwipfel,
Beugt euch vor seines Angesichtes Ruh'!
Und ihr Lebendigen, wem durch die Adern
Ein Tropfen nur von deutschem Blute jagt,
Der jauchze auf, daß hier auf Felsenquadern
Die Irminsul zum blauen Himmel ragt.

Der hier, der war's aus dem Cheruskerstamme,
Der schwer an seines Volkes Knechtschaft trug
Und wetternd, schmetternd wie des Blitzes Flamme

Hermannsdenkmal 1875

Den ersten Feind Germaniens niederschlug.
Hier war die Schlacht, hier sanken die Legionen
Des stolzen Roms, Quintilius Varus fiel,
Und frei vom Joch des Siegers Enkel wohnen,
Frei geht ihr Pflug, frei fährt im Meer ihr Kiel.

Hermann, du Held! Du hast gewagt, gewettet
In der Entscheidung großem Waffengang,
Du hast uns unser Vaterland gerettet
Und deutschen Brauch und deutscher Sprache Klang;

Nimm diesen Kranz, aus Eichenlaub gewunden,
Vom Zweige hieb es kein Liktorenbeil,
Ihn bringt ein Volk, in Einigkeit verbunden,
Es braust und donnert; Hermann, Heil und Heil!

Da steht dein Mal, vom Meister aufgerichtet,
Ein Menschenalter hat er dran gebaut,
So lange wir gesungen und gedichtet,
Gekämpft, geworben um die hohe Braut,

Und hier dein Volk, – es braucht nicht zu erröten,
Hermann, vor dir, es hielt am Grenzwall Stand,
Wir rangen so wie du in heißen Nöten,
Und nun schau's an, dein deutsches Vaterland.

* * *

Und wenn sich einst um deine Tempelsäulen
Des Epheus grüne Ranke lieblich schlingt,
Und wenn dein Erz in wilden Sturmes Heulen
Wie Memnons Bild bei Sonnenaufgang klingt,
Sei du ein Mahner, Schildwacht unsrer Ehre,
Der Nachwelt sei ein Rufer du im Streit:
Seht hier des Vaterlandes beste Wehre,
Das Schwert Armins, der Deutschen Einigkeit!

(1875)

101

Luise Koppen

Die Einweihung des Hermannsdenkmals

Seit dem Jahre 1846 stand auf der Höhe der Grotenburg
der Unterbau des Hermannsdenkmals in stiller Waldein-
samkeit.

Auf diesem Gipfel hatte Ernst von Bandel als jugend-
frischer, begeistrungsfroher Mann gestanden, da hatte
er seinen Stock tief in die Erde gebohrt und dem ihn
führenden Hirtenknaben zugerufen: »Hier soll das Hermannsdenkmal stehen!«

Seitdem waren schwere Jahre, voll von Enttäuschun-
gen und bittern Erfahrungen über des Meisters Haupt
dahingegangen. Zuzeiten hatte auch seine eherne Kraft
gewankt, und bang zweifelnd hatte er sich gefragt: Wird
es gelingen? Dort oben stand der Sockel nun schon so
manches Jahr; man benutzte ihn als willkommnen Aus-
sichtsturm, aber die Statue Hermanns, des Befreiers von
fremder Gewaltherrschaft, fehlte noch immer!

Grau färbten sich allgemach des Künstlers Haare, da kam
ein Hoffnungsstrahl!

Aus Not und Kampf, aus Blut und Trümmern stieg sieg-
reich die deutsche Kaiserkrone wieder an das Licht, sie
senkte sich nieder auf Kaiser Wilhelms edles Haupt, und

Festszene bei Einweihung des Hermannsdenkmals

das neuerwachte, deutsche Einheitsbewusstsein bewirkte, daß man auch wieder des Mannes gedachte, dessen Lebensarbeit es gewesen, dem Herzoge der Deutschen ein Denkmal zu setzen, der die Deutschen Stämme nicht in fremde Sklaverei fallen lassen wollte.

Nach 1870 flossen die Gaben reichlich. Fürst Leopold versprach eine noch fehlende größere Summe zu geben, und als Kaiser Wilhelm den greisen Künstler in seinem Atelier in Hannover besuchte, versprach er ihm, zur Enthüllung des Denkmals zu kommen. Der Kaiser in Detmold! das schien fast zu gut, um wahr sein zu können. »Aber er hat es versprochen!« sagte ruhig der Alte vom Berge, wie man den Meister später nannte, und schaffte in seiner Werkstatt auf der Grotenburg unermüdlich weiter.

»Nach Westen soll der Cheruskerfürst schauen,« entschied er, »denn von dort droht uns jetzt der Erbfeind!«

»Schade,« hieß es in Detmold, »da wendet uns das Standbild ja den Rücken zu!«

Allzu höflich war der Alte entschieden nicht. Als die Fürstin ihm einmal sagte, daß man in Detmold die Stellung der Statue bedaure, antwortete er einfach:

»Wenn man Detmold nicht auf eine Drehscheibe setzen kann, wird sich das wohl nicht ändern lassen.«

Fie Fürstin schätzte den tüchtigen Mann hoch und unterhielt sich oft und gern mit ihm. Besonders sympathisch war ihr sein einfacher Sinn, der es nicht beachtete, daß er

oben in der Nähe des Denkmals in einer kleinen Bretter-
hütte wohnte, in der kaum Platz für die notwendigsten
Möbelstücke für ihn und seine Frau war.

Endlich war das große Werk vollendet. Nicht ohne Za-
gen hatte man das breite Schwert in des Cheruskerfürsten
Hand gesenkt. Nun danket alle Gott! sangen jubelnd die
Arbeiter, und ein tiefer Seufzer der Erleichterung hob des
Meisters Brust.

In Detmold dachte man darüber nach, wie man jedes
Haus einrichten könne, damit es ja viel mehr Gäste be-
herberge, als in gewöhnlichen Zeiten möglich gewesen
wäre.

Im Schlosse herrschte rühriges Leben. Die Königszim-
mer, so genannt, seitdem König Friedrich I. von Preußen
sie 1711 auf seiner Reise nach Holland bewohnt hatte,
wurden wieder für einen Hohenzollernfürsten eingerich-
tet und alles so hübsch und behaglich wie möglich für
den bejahrten Monarchen gemacht. Da, als gerade mit
hoher Befriedigung die letzten seidenen Kissen geordnet
waren, traf die Nachricht ein, der Kaiser schlafe stets in
einem Feldbette, das er auch auf Reisen mitführe.

Leider hatte eine Lippische Wahrsagerin gerade für diese
schönen Tage den Untergang der Welt prophezeiht und
einige ängstliche Gemüter dadurch beunruhigt. Zwei
Tage vor dem Feste, – man wand gerade Guirlanden,
– färbte sich der Himmel tiefschwarz und gegen abend

Ernst von Bandel auf dem Wege zum Teutberge

brach ein Gewitter los, wie man es in solcher Wucht und Stärke selten in unserer Gegend erlebt.

Angstvoll schaute da mancher zum Himmelszelte, aber das Unwetter ging vorüber, die Wut der Elemente, die das Gebild der Menschenhand hassen, erschöpfte sich, ohne zu verletzen, und das Wetter war während der nun folgenden Festtage so ideal schön, wie man es eigentlich nur aus Erzählungen oder aus den Erinnerungen der Jugendzeit kennt.

»Wir hoffen auf Kaiserwetter« sagte die Fürstin später zu Kronprinz Friedrich Wilhelm.

»Ganz im Vertrauen sei es gesagt,« antwortete dieser lachend, »ich bin mit meinem Vater zusammen sehr oft naß geworden.«

Die Bahn nach dem Süden war damals noch nicht fertig. Deshalb fuhr der Kaiser von Schieder an zu Wagen durch das Lipperland. Welch eine Freude war es ihn zu sehen, wie genau wurde er beobachtet, als er den Helm abnahm, vorsichtig noch einmal sein Haar zurecht schob und sich dann zum Handkusse über die Hand der Fürstin beugte.

Am Abend war ein größeres Essen im Schlosse, von dem der Kaiser dem Fürsten freundlich anerkennend sagte: »Wenn das aber ein Souper ist, möchte ich das Diner sehen!«

Der Kronprinz warf sich im eifrigen Gespräche so kraftvoll in seinen Stuhl zurück, daß das Polster der Rücklehne krachend zu Boden fiel.

»Gnade!« rief er der Fürstin zu. »Aber ich habe die Tisch-
lerei erlernt und will gern morgen den Schaden wieder
gut machen.«

Am andern Morgen, dem 16. August, dem Hauptfesttage
wäre gewiß in ganz Detmold und Umgegend nicht ein
Fuhrwerk mehr aufzutreiben gewesen.

Seit dem frühen Morgen, fuhr, ritt und pilgerte der Men-
schenstrom zum Berge. Der stattliche Festzug wollte gar
kein Ende nehmen, und alle gingen vorüber und grüß-
ten den schlichten Mann, der vor seinem Hüttchen stand
und heute erleben durfte, daß sein Traum Wahrheit
ward.

Jetzt fuhr der Kaiser heran auf die Höhe, neben ihm die
Fürstin. Taufsendstimmiges Hurrah erscholl, strahlende
Gesichter überall, es war Sonnenschein innen und au-
ßen.

Nur ein bleiches Gesicht schaute müde hinein in all den
Festjubel, wenn auch mit unendlich gutem und freund-
lichem Ausdrucke wie immer, das war unser Fürst. Seine
schon sehr schwache Gesundheit war Anstrengungen of-
fenbar nicht mehr gewachsen, und besonders Besucher,
die ihn länger nicht gesehen hatten, machten die Detmolder aufmerksam auf die Veränderung im Aussehen
des Fürsten.

Doch heute wollten traurige Eindrücke nicht haften, das
Leben pulsierte zu mächtig in jenen Stunden, als die Hül-

Kaiser Wilhelm begrüßt Ernst von Bandel

len fielen, als die Weihreden ertönten, und das Denkmal
der deutschen Nation übergeben wurde.

Ein ergreifender Anblick war es, als der Kaiser Herrn von
Bandel zu sprechen wünschte und dieser nun buchstäb-
lich über die Schultern der dichtgedrängten Menschen-
menge gehoben wurde, bis die beiden hohen Gestalten
sich Auge in Auge gegenüber standen. Dann legte der
Kaiser seinen Arm um den Künstler, dessen schönster
Tag seine Sonne auf ihn niedersandte.

(1897)

August Bolhöfer

Deu Varus-Schlacht
In lippske Mundart

»Med der grauden, frechen Schniuden
Keumen mol viel Keerls van biuden
Achter iut Italien an.
Vörne reit seun grauden Mann,
Deu Quintilius Varus.

Os se niu int Lippske keumen,
Kriegen se Hunger unnern Reumen,
Deupe ging et dür'n Dreck,
Un se kriegen nicks os Speck
Un seun bieden Wader.

In den grauden Lippsken Waule
Gink de Wuind seu unwuis kaule,
Kreigen flögen dür de Luft,
Un et was seun schlechten Duft,
Os van dauen Minsken.

Do up eunmol achtern Hüchten
Feng et gräulich an teu lüchten,
Herm de greip de Römer an,
Kreig sik gluiks den grötsten Mann,
Stak en up de Forken.

Und dann seng'n seu an teu höbben,
Dat se quacken os de Pöppen,
Drieben se oll in eunen Kolk,
Un dat ganze Liusevolk
Moste drin vosiupen.

Varus kreig 'n grauden Schrecken.
»Kinner, döt es teun vorrecken,
Titius, kruig duin Schwerd herriut,
Stekt mui achter dür de Hiut
Midden in de Panzen.«

111

Manken düssen grauten Troppe
Was auk'n Keerl met'n open Koppe,
Eun Avkode dat was heu,
Un den feng'n lebennig seu
Up der Piurwitzheue.

Düssen Keerl den genkt ant Ledder,
Heu vodeun et auk nich bedder,
Kriegen en buit Kamisol,
Stoiken en up eunen Pol,
Un dann dreig'n se'n ümme.

Os dat Schlon niu was teu enne,
Wosk sik Hermann suine Henne,
Reup dann: »Jungens, kumt mol heer!«
Un dann kam dat ganze Heer
Un fenk an teu siupen.

Beuer gaft un Schwuineschinken,
Auk de Wuiwer mössen drinken,
Un Tusnelde un ehr Mann
Süpen sik 'n lüttken an,
Dat et man seu dampe.

Kaiser Justus sat buin Eden,
Heu woll grad en Pfau upfreden,
Do kam niu de Noricht an,
Dat suin Heer met Roß un Mann
Wör buin Kaulpodde blieben.

»Varus« reup he, »leuwe Vedder,
Gif mui de Saldoden wedder!«
Doch suin Sclawe Jüsken Schmett
Reup van biuden dür dat Lett:
»Deu sind olle daude!«

Un teu Ehren van düssen Saken
Leuden wui us 'n Denkmal maken,
Dat dat scheune Lippske Land
Wör in oller Welt bekannt,
Un seu ist auk kumen.«

(um 1900)

113

Zum Hermann

Wir hatten Eile: wollten wir doch noch zum Hermann. Und das waren gut anderthalb Stunden, mitten durch den tiefsten Wald, durch grüne Versunkenheit, die fast böse, krank und beängstigend sich fühlbar macht, vorbei an der klar rieselnden Berlebecke.

Das war wirklich Wildnis, das war Urwald.

Immer neue Buchenhänge wurden erstiegen, immer neue Abgründe gewonnen, indem wir uns mit eiligen Händen von Stamm zu Stamm hinabfallen ließen: alles unter der Leitung des Barons, der hier Weg und Steg kannte, hier die Honneurs seiner Heimat machte.

»Das hier ist das Winfeld!«

Und in der Tat: das war so eine Art Heldendichtung der Natur, diese fast stundenweite (wie Heldenstirn), von einem Fichtenkranze eingefaßte Waldwiese.

In der Tat: eine Gedenktafel.

Geschichtliche Gesichtszüge hat dieser Boden.

Und weiter: Großrören.

Winfeld: die eine Seite der Medaille: die heiterstarke, das Siegesfeld steht auf Seite der Deutschen.

Das andere: Großweheklagen gedenkt auch des Feindes: es ist Stolz darin und Mitleid, sonderbar gemengt.

Wie das Leben mengt und der Sinn des Menschen; der vielgestaltige.

Die Gegend ist Großrören: nicht bloß der Name.

Gespensterhaft und fast Mummenschanz der Trauer so die zottigen Zwergweiden mit ihren sonderbaren Köpfen und langen Framen.

Die alten Germanen, ins Gnomische verwandelt, und dahinter dicht aneinander wie immer neue Framensaat die alles verdüsternd jungen Buchenstämme.

Noch einmal treten wir heraus aus Wald und Schlucht, da steht er vor uns auf seinem kuppelartigen Bergge-

Das Heidental

wölbe, der Hermann, und weist uns nach oben, vollends nach oben.

Wir folgen seinem Winke, aber langsam und erleichtert. Schon etwas uns erholend. Vorerholend.

Denn hier beginnt die Kunststraße: der sorgsam aufgeschüttete, langsam die Bergeskuppe umwandelnde, in mehrfachen Schleifen sich dem Hermann zu Füßen legende, gar zierlich wie ein Band am Kranz zu Füßen des Denkmals niederlegende Wendelweg.

Während wir, noch mächtig uns zusammenatmend, stumm vor ihm standen und dem Meisterwerke Bandels, diesem so tapfern und gewaltigen Lebenswerke, wie auch dem deutschen Sinne in ehrerbietiger Stille unsere vaterländische Huldigung brachten, war ein Direx mit seiner weiß bemützten Prima schon in vollem Gange.

In wohlgesetzter Rede und einwandfreien Perioden trug er ihnen einen begeisternden Aufsatz vor, der späteren Jahrgängen für die Klausurarbeit von großem Nutzen sein dürfte.

Nur schade, daß er hier so in die Winde verweht.

(1905)

Fritz Gehring

Der Alte vom Berge

Als ich nun von unten herauf kam und auf das Bandel-
häuschen zuschritt, den Alten vom Berge, wie er allge-
mein genannt wurde, zu begrüßen, sah ich da jemand in
einem weißen Kittel mit einem langen Bergstock in der
Hand hin- und hertaumeln. Im nächsten Augenblick sah
ich dann, daß es Herr v. Bandel war. Ich dachte, der hat
sich heute aber etwas geleistet, daß er nicht mehr richtig
gehen kann; denn so hatte ich ihn noch niemals ange-
troffen. Anfänglich wollte ich abseits in die Buchen treten, um mit ihm in diesem Zustande nicht in Berührung
zu kommen, aber da dachte ich wieder, wenn er dich
sollte gesehen und erkannt haben, dann darfst du ihm
nicht aus dem Wege gehen. Ich ging nun weiter. Er blieb
stehen und hielt die linke Hand vor die Augen, wie er's
gewöhnlich machte, wenn er in die Ferne sehen wollte.
Ich ging näher, und als ich ungefähr drei Schritt von ihm
entfernt war, breitete er seine Arme aus, und auf einmal
hatten wir uns umschlungen, und ich war jetzt noch in
dem Glauben gewesen, er sei betrunken. Ich fragte Herrn
v. Bandel: »Was ist Ihnen? Fehlt Ihnen etwas?« bekam
aber keine Antwort. Als ich nach dem Denkmal sah,

118

Arbeitshütten am Hermannsdenkmal

bemerkte ich auch, daß sein Vorarbeiter Runte vor dem Denkmal stand und ihn beobachtet hatte. Nun faßte ich ihn um, und wir gingen wie ein paar Betrunkene den kleinen Berg hinauf nach dem Häuschen. Als wir oben in die Vorhalle traten, kam seine Frau soeben aus der Stube in die Vorhalle; sie hatte wohl Tee oder Kaffee gekocht auf ihrer Maschine, da wollte ich ihm in seinen Sessel helfen, der in der Vorhalle stand. Auf einmal packte er mich und drückte mich in seinen Sessel und hielt mich eine ganze Weile fest, und ich wußte im Augenblick nicht, was mit mir werden sollte. Als nun auch Frau v. Bandel näher trat, fragte ich sie: »Was ist denn eigentlich mit Bandel,«

Bandel mit Modell des Denkmals

und da er mich noch immer fest angefaßt hatte, dachte ich sicher, daß er es im Rausch täte. Da sagte seine Frau mit weinerlicher Stimme: »Lieber Gehring, das Denkmal ist fertig, Bandel ist hingewesen und wollte von allem Abschied nehmen.«

Da merkte ich erst, was ihn so tief bewegte: seine Tätigkeit und sein Wirken an dieser Stätte, für das er seine beste Kraft und teilweise sein Geld hingegeben und geopfert hatte, war nun auf einmal zu Ende. Ich vergesse diesen Abend in meinem ganzen Leben nicht. Ohne ein Wort zu sprechen, weinten wir alle drei.

Als sich die Frau v. Bandel nach einer Weile gefaßt hatte, sagte sie: »Lieber Gehring, das Denkmal ist fertig; wir sind alt, unser Vermögen steckt teilweise darin, seine besten Kräfte hat er für das Denkmal geopfert, aber was nun?« Diese Frage konnte ich im ersten Augenblick nicht beantworten, da ich die Verhältnisse auch nicht genau kannte. Da sagte mir seine Frau, ihr Mann ginge nun die letzten Tage damit um, er wolle nach der Feier, wenn er erst wieder in Hannover wäre, nach Italien reisen, eine Ladung Marmor kommen lassen und die Bildhauerei wie früher wieder aufnehmen, dann würde er ja wohl so viel verdienen, um weiter leben zu können. Bettelbrot könne er nicht essen, setzte Bandel noch hinzu. Ich sagte, darüber brauchten sie sich doch keine Gedanken zu machen, denn wenn es hieße: »Jeder Arbeiter ist seines Lohnes wert«, dann wäre dieses Wort doch hier erst mal recht angebracht, und das glaubte ich doch sicher, daß seine Verdienste doch von allen Seiten anerkannt werden müßten und auch anerkannt würden. Er aber wollte, wie er immer wieder hervorhob, von Gnadenbrot nichts wissen.

Starrköpfig wie er von Jugend auf gewesen ist, ist er auch bis an sein Lebensende geblieben, und so ist er auch von seinem Vorhaben, ferner wieder die Bildhauerarbeit zu betreiben, nicht abgegangen.

Als ich mich nun zum Weggehen anschickte, – denn es war inzwischen auch etwas spät geworden – drückte er mir die Hand und bedankte sich wiederholt für die Hilfe, die ich ihm bei der schweren Arbeit in den Jahren geleistet hätte, aber sonst konnte er fast kein Wort herausbringen.

(1925)

Friedrich Wienke

De lippsken Berge

Wo schön de lippsken Berge sind,
dat weut wal jeudes Lipperkind,
un jeuder, dä se kennt un weut,
dä hort auk gerne mol eun Leud
van iusen lippsken Bergen!

Seu sind met Holt bewossen dicht,
met Beoken un met Dannen richt,
datt gern de Wannrer innehölt
un sök in'n Sommer mollig fölt
in iusen lippsken Bergen.

Heidental

123

De Vüle singet do seo hell,
de Eikern hüppet do seo schnell,
de Bekens laupet do seo klor,
un soite Beeren gift et dor
in iusen lippsken Bergen.

Wer söcht gesunne, friske Luft
un Vuelsang un Bleomenduft,
dä mott in iusen Höltern gohn
un sök de Herrlichkeut besohn
in iusen lippsken Bergen.

Doch nich olleune dat un düt,
wat de Natur an Schönheut büt,
makt iuse lippsken Berge ruik:
Auk de Geschichte meld't teogluik
van iusen lippsken Bergen.

Niu es den Herm, den duitsken Held,
eun Denkmol up'n Berg henstellt.
Dat locket mänchen Minsken an,
datt heu de Luft geneuten kann
in iusen lippsken Bergen.

Wui sülmst, dä wui wal lange Tuit
sind van den schönen Bergen wuit,
un könnt seu selten groinen sohn,
wui möchten gern spazieren gohn
in iusen lippsken Bergen.

Niu öwwer möt't wui üm dat Geld
olljöhrlich in de frömde Welt;
doch wit wui singen, wo et geuht,
met Stolz, datt öt de Welt versteuht,
van iusen lippsken Bergen!

(1926)

August Wiemann

Unser Hermann

Vor etwa einem Dutzend Jahren machte ich einmal mit meiner Schulklasse, Jungen und Mädchen von 10 Jahren, einen Ausflug zum Hermannsdenkmal. Wir kamen aus dem lippischen Norden, wo man den »Großen Hermann« nur wie einen Zeigefinger über der blauen Bergkette aufragen sieht. Als wir die Grotenburg schon fast

erklettert hatten und nun das gewaltige Denkmal plötzlich nahe vor unseren Blicken auftauchte, war des Staunens und Wunderns kein Ende. Und wes das Herz voll war, des ging der Mund über.

»O, wecke Beune un wecke Arme un wat vo eunen Söwel!«

»Un dösse Juerkien un söcke unwuis graude Auern!«

„Jou, un wat meunste wal, wat mui iuse Frittken votellt hat? In Hermann suinen Beune kann man herupperngohn upper Treppen, un dann dürt Luif un dürde Bost un dürn Hals un bät in'n Kopp. Un wat bui us de Tungen es, dat es bui Hermann eun Disk, un wat iuse Tehne sind, dor kann man sick bui Hermann upsetten osse up Stoihle, un dür die grauten Nesenlöcker kann man no unner kuiken, un – –«

»Un dürstörten, wenn man sick nich in acht nimmt, dat ess oll mol passeuert, dat weut eck.«

Mir blieben Mund und Beine stehen ob dieser Denkmalsbeschreibung. Aber Spaß hat sie mir doch gemacht.

(1938)

Karl Meier-Lemgo

Das Hermannsdenkmal

Eine Jungemannsgestalt, wie wir uns den Siegfried vorstellen, in Schönheit und Kraft, steht er da, mit dem hohen, in weite Fernen schweifenden Blick der Augen, stolz, doch nicht prahlerisch, ein wenig lässig auf den Schild gelehnt, wie leicht ermüdet. Ein ruhiger Linienfluß umschließt das Ganze zu weihevoller, wahrhaft monumentaler Wirkung. Man vergleiche daneben das so ganz andere Niederwalddenkmal, ganz zu schweigen von den Begas'schen Theaterfetzen Berliner Denkmäler.

Die Gestalt selbst ist von schlichter Größe. Ein dünner, sparsam gefalteter Mantel gibt dem Umriß Ruhe, ohne die Gestalt zu verhüllen. Ein Zipfel ist keck gerafft und in den Gürtel gesteckt, so daß er die Hüfte umschmiegt und leicht vom Winde zurückgeweht wird. So liegt auch der kurze, fast zu kurze Rock dem stämmigen Leibe knapp an. Nur zwei kleine Falten verlaufen vom Gürtel abwärts. Als einen Mangel empfinde ich, daß die Bekleidung der Beine mit Hosen nicht klar betont ist; man entdeckt das, wenn überhaupt, nur zufällig.

Die Schlichtheit wird aber nicht zur Ärmlichkeit und Kälte. Doppelt reizvoll ist der Schmuck, weil er spar-

sam angebracht ist: der Schildknauf mit dem herrlichen deutschen Worte „Treufest", der kühne Flügelhut, die Schließe des Mantels unterm Hals und des glatten dünnen Gürtels, die prächtige Kette des Wehrgehenks, der zierliche Zackensaum des Rocks.

Das Hermannsdenkmal ist in jeder Beleuchtung schön: wenn es als gigantischer Schatten im Nebel oder vor wolkendurchwühltem Himmel steht, oder wenn erstes Frührot die dunkle Gestalt streichelt. Am schönsten aber im Lichte der Abendsonne, die die Farbtöne vertieft. Das lichte Weißgrün des Edelrosts, mit dem die Kupferplatten der Gestalt sich überzogen haben, hebt sich hell ab von dem dunklen Himmelblau. Dazu das warme Grün der Fichtenwipfel und das Braun der steinernen Kuppel, wie der Fichtenstämme: das ergibt einen klangvollen Farbenakkord ...

Es will Abend werden. Die Bandelbank ist leer, wie die Galerie des Denkmals, auf der eben noch weiße und bunte Sommerfähnchen fröhlich schimmerten.

Ich träume mich in die Zeiten zurück, da jener Cheruskerherzog ein Mensch war aus Fleisch und Blut; da er den römischen Kohorten jenes furchtbare Blutbad bereitete, vielleicht doch hierherum irgendwo. Denn der große Hünenring, dessen Spuren drüben am Bergrande zu sehen sind, weist – nach dem Urteil der Forscher – mit großer Wahrscheinlichkeit auf die alte »Teutoburg« hin.

Eine Wolke schiebt sich langsam über den Fichtensaum, und bald berührt ihr dunkler Rand den leuchtenden Recken und wächst höher. Aber er blickt unverwandt in die Ferne und merkt ihr Schleichen nicht ... So schlich sich der Verrat in deinen Rücken, Edler, Großer, und du mußtest unter meuchelmörderischen Händen verbluten – Siegfriedslos ...

Durch die Fichtenwipfel rauscht das alte Lied. Nichts erinnert an die Welt da unten in der Tiefe. Nichts ist hier als göttliche Waldnatur und mitten darin der ernste, graubraune Tempel, dessen Fuß die Baumschatten umspielen, und die helle Gestalt, die immer leuchtender wird, je dunkler ins Violette fast, das Himmelblau sich färbt.

(1950)

Reinhold Schneider

Der Wald

Die Porta Westfalica tut sich auf, tief senken sich die
Berge zur Weser, und die Windmühle in der Lücke dreht
sich eilig; über der Ebene ist es noch hell, doch hinter der
Pforte scharen sich die Wolken so dicht wie Hügel und
Berge darunter. Einsam liegen die Höfe auf ihren Höhen,
von Bäumen geschützt: wer fügte den ersten Stein: wer
wählte den Platz? Und wer begann das Werk an dieser
Erde? Die Tiefen der Geschichte sind unsichtbar. Vielleicht stehen diese Höfe alle auf altem Mauerwerk; und
eh noch der Glaube einzog, dem sich heute die Bewoh-
ner beugen, ward der Ort ihres Daseins schon erkannt
und bebaut; das Beste danken wir den Ahnen, wie tief
ihr Werk auch versunken sein mag in der Erde, die sie für
uns erwarben; ein Stein vielleicht, den der Pflug heraus-
wirft, gibt noch Kunde von ihnen oder ein alter Brauch;
ihre Worte tönen uns nicht mehr, und vergeblich suchen wir die Bilder ihrer Götter: aber es ist die alte Erde
noch, und da kein Zufall bestimmt über das Verhältnis
des Menschen zu seiner Erde: so werden auch die Ahnen
wieder lebendig, wenn wir uns dem Boden ihres Daseins
nähern.

Heidental

Freilich, auch der Wald ist nicht mehr der alte: die schöne Wildnis seines Wachstums ist längst zerstört, die Bäume sind in strenge Reihen geordnet, Ackerland und Wiesental nahmen Stück um Stück von seinem Geheimnis; aber schon auf dem Berge, auf dem Hermann sein Schwert erhebt, liegt tiefes Dunkel unter Fichten und Buchen, und die Spuren uralter Zeit tauchen auf. Ein Wall aus Steinen und Erde umfaßt ein Rund, in dessen Mitte Fichten grünen, Beeren reifen; Buchen stehn auf dem Kamm des Walles und umklammern die niedersinkenden Steine mit ihren Wurzeln. Die Steintrümmer der einstigen Volksburg liegen, wie ein erstarrter Strom, unter jungen Stämmen. Unten im Heidental, über dem die Gestalt des Siegers steht, wurden Eisenklumpen gefunden im Sumpf: Reste versunkener Wagen; und die Hufeisen, die man ausgrub in der alten Stadt Horn, geben noch Zeugnis wilder Flucht, furchtbaren Todes. Der Regen fällt in die Kronen, und es dampft um den Gipfel; eilig saugt die Sonne das Wasser auf, wieder verfinstert sich der Himmel, und aufs neue ergießt sich die Flut; Lichter jagen, für einen Augenblick ist das Dickicht vergoldet, und es blitzt tausendfach in den Zweigen; dann wälzen sich Wolkenzüge über alle Kämme, die Ferne ist wieder verhüllt, und der Wald scheint zu stöhnen unter der niederbrechenden Flut. Und es ist, als würde das Furchtbare, das einst in seinen Schluchten und draußen auf den Feldern geschah, noch einmal Wirklichkeit: der Römer ruft zu Gericht im Kreis der Legionen, den Starrsinn des Volkes zu brechen mit fremdem Recht; die Masse der Cherusker wird dichter: sind sie endlich gewillt, römisches Recht zu hören, sich ihm zu beugen, dem römischen Rechte und damit Rom? Doch da kaum der Herold geendet, drängen die Cherusker mit erhobenen Waffen heran, sie ergießen sich aus den Wäldern, ungestüm, wie der Regen niederbraust in die Schluchten; die Legaten fallen, zwei Feldzeichen sinken, die Ordnung der Manipel, Kohorten, Legionen zerreißt, der Tod ist den Fliehenden so gewiß wie den letzten Kämpfern am Lager. Denn es ist, als habe der Wald selbst sich empört, um mitzukämpfen mit seinen Sümpfen und Schluchten; spät erst verhallt der Hilferuf der Versinkenden, denen keine Hilfe ward.

Kampf gegen die Römer

Aber der Wald birgt größere Geheimnisse als den Nachhall dieser Schlacht; zwischen Detmold und Meinberg, im Leistruper Wald, säumen Steine in langer Reihe den Weg, sie ziehen unter den Stämmen im niegelichteten Schattendunkel hin, eine Straße zu bezeichnen, deren Ziel vergessen ist; sie schließen sich wieder zusammen, ein Rund zu umschreiben; sie sammeln sich um größere Blöcke, in die Mulden und Löcher gegraben sind. Noch lebt die Erinnerung fort an zyklopische Mauern, die im vergangenen Jahrhundert den Wald durchzogen, bis ein Geschlecht ohne Wissen und Ehrfurcht sich auch ihrer bemächtigte. Umgrenzen sie heiligen Bezirk? Versammelte sich hier das Volk in der Nähe der Teiche und Opfersteine, um die Hünengräber, die Brandstellen und Quellen; ist hier, im webenden Dunkel, noch immer die Wohnstatt der alten Götter?

Und die Spuren verschütteten Daseins reihen sich fort; Gemäuer auf den Bergen um Detmold kündet von uralter Zeit. Flammten die Feuer auf den Türmen von Höhe zu Höhe auf an geheiligten Tagen oder bei nahender Gefahr? Mühlen, Kirchen und Burgen besetzen nun die Hügel und Berge: ruht nicht auch unter ihnen ein Geheimnis? War nicht ein Älteres an allen den Orten, um die heute das Leben strömt: ist dieses Land nicht noch immer Besitz der Ahnen? Von wem könnte gesagt werden, daß er als erster seine Erde betrat?

Wir haben es inzwischen wohl wieder gelernt, dem Tacitus zu glauben, nachdem auch sein Bericht von allzersetzender Kritik für einige Zeit verdorben worden war; indessen was verstand ein Römer? Und was wollte und konnte er verstehn? Ein Volk wird endlich an seinem Glauben gemessen; es ist so groß, wie seine Götter sind; wollen wir den entscheidenden Blick in seine Seele tun,

so müssen wir seinen Göttern begegnen. Wir wollen die Formen der irdischen Ordnung nicht unterschätzen; wir wissen von den Königen der Germanen, die sie wählten aus ihrem Adel: von den Freien bestimmte Herren aus dem Stande geborener Führer; und wir wissen von der Allgewalt des Vorbilds, das die Fürsten allein rechtfertigen, das Volk mitreißen sollte: »Fürsten kämpfen um den Sieg. Gefolgsmannen für ihre Fürsten.« Aber endlich: Wo begegnen wir den germanischen Göttern?

Es ist kein Tempel erhalten, kein Haus; und was ist bezeichnender für das Volk, das endlich die Idee des Werdens in ihrer ganzen Größe und Furchtbarkeit ausdrückte und durchlebte, als daß es nicht baute für die Ewigkeit? Das Holz der Wälder, durch die der Wechsel der Jahreszeiten ohne Pausen geht, Holz, das grünt und vermorscht, der Form gehorcht und wieder zerfällt, damit die neue Form entstehe: es diente, statt des Steins, zum Bau; so ward eine Kultur geschaffen, die keinen Anspruch machte auf Dauer und wurde und verging wie die Wälder selbst. Die Ewigkeit ist nur im Wandel, und sie wird dann am tiefsten ersehnt und erlebt, wenn der Wandel zum beherrschenden Gesetz des Daseins geworden ist.

Aber mitten im Walde, der den Namen der Teutoburg trägt, stehen steinerne Zeugen alten Glaubens, geheimnisvoller und umstrittener als alle die Opfersteine, Wälle und Hünengräber. Von Horn führt die uralte Straße zu

den Externsteinen hinaus und dann weiter nach Paderborn; Mönche zogen auf ihr im Mittelalter, dem Heiligtum in den Felsen entgegen, ein lippescher Graf baute Wälle und Türme davor, die wieder geschwunden sind, und ließ seinen Wappenstein in den Felsen setzen über der Straße; aber die vier Blöcke wissen von viel älterer Zeit. Denn nicht nur Frost, Regen und Wind arbeiteten an ihnen Jahr um Jahr: hier hat der Kampf der Götter und Epochen selbst getobt; hier siegte das Kreuz über den heidnischen Glauben, doch nur, um wieder und wieder von ihm bedroht zu werden und fortzukämpfen bis zu diesem Tag. Tannen und Buchen siedeln sich auf den Felsen an, Vögel stoßen von ihnen nieder über den Teich und den Eichenwald hin; wenn der Regen die Menschen vertreibt, so stehen die Blöcke in alter Unnahbarkeit da, zerrissen von dem furchtbaren Kampf, der vielleicht der eine und einzige Kampf der deutschen Geschichte ist und dauern wird, so lange wie diese Geschichte selbst als ihr innerstes Leben. Denn Rom, dessen Adler Armin vor der Teutoburg niederzwang, freilich um bald seine Tat mit einem tragischen Schicksal zu bezahlen, drang nach mehr als sieben Jahrhunderten ein zweites Mal in diese Wälder vor: nicht mehr unter dem Adler, sondern unter dem Zeichen des Kreuzes; und nun erst, da Glaube gegen Glaube stand und einem Volk, das ohne Götter nicht zu leben vermochte, fremde Götter mit allen Zeichen des Sieges entgegentraten, entbrannte die vernichtende Schlacht. Was war? Was geschah? Vielleicht werden wir niemals es ganz erfahren, was sich in den frühen Zeiten unserer Geschichte ereignete, damit diese Geschichte ein zweites Mal beginne, um aufs neue demselben Kampf entgegenzutreiben.

(1960)

Otto Franzmeier

Die weiße Dame

Noch ein anderes Gebäude betraten wir in meiner Kinderzeit nur mit Herzklopfen. Es war die Fürstliche Kanzlei, in der damals die Regierung unseres Landes untergebracht war. An ihr war mein Vater angestellt und hatte gleichzeitig für Heizung und Reinigung des langgestreckten Gebäudes, das noch zu den Baulichkeiten des Residenzschlosses gehörte, zu sorgen.

Unten befand sich ein Durchgang, »Unterm Bogen« genannt, der den Marktplatz mit dem Schloßplatz verband und auch heute noch verbindet. Hier stand nachts ein militärischer Wachtposten, und von hier führte eine hohe Treppe in die höheren Stockwerke. Der lange Flur, der mit einem dicken Läufer belegt war, auf dem man wie auf Moos ging hatte schon etwas Geheimnisvolles, das durch die ovalen Fenster und den eigenartigen Geruch von verbranntem Buchenholz noch vertieft wurde. Das Schlimmste aber war, daß es hier spukte. Wie jedes ordentliche Fürstenschloß hatte auch das unsrige seine »Weiße Dame«, und ich glaube sagen zu müssen, daß auch mein Vater nicht ganz frei war von der Sorge, ihr einmal begegnen zu müssen. Und beinahe kam es auch so.

In einem wenig benutzten Raum der Kanzlei fand Vater eines Abends eine große und lange Holzkiste. Diese öffnen, war das Werk eines Augenblicks. Aber er wäre fast vor Schrecken umgefallen, als er darin die bewußte Dame in blendendstem Weiß liegen sah. Das Herz schlug ihm bis zum Halse, die Haare standen ihm zu Berge, und der Kistendeckel muß wohl sehr prompt und laut wieder zugefallen sein. Erst nach geraumer Zeit wagte er's zum zweiten Male, genauer nachzuschauen, und siehe da, die »Weiße Dame« war  eine Marmorfigur in Lebensgröße und stellte Thusnelda dar, die tapfere Gattin des Cheruskerfürsten, die Ernst von Bandel, der Schöpfer des Hermannsdenkmals, auch modelliert hatte, und die hier seit vielen Jahren lagerte und vielleicht schon vergessen war.

Als der Vater uns dieses Erlebnis erzählte, war unsere Furcht vor dem Gespenst in der Kanzlei durchaus nicht gebannt, und nur ungern und auf Zehenspitzen gingen wir, wenn wir dort eine Besorgung zu machen hatten, jeden Augenblick bereit, das Gebäude fluchtartig zu verlassen.

(1963)

142

Joachim Fernau

Teutonischer Schrecken

Als Sextus Aetius, der Friseur und Manikeur des römischen Generalfeldmarschalls Marius, noch einen kleinen abendlichen Spaziergang zur Rhone herunter machte und um die Ecke bog, sah er im Gebüsch einen Mann, einen riesenhaften Kerl mit nacktem, haarigem Oberkörper, geschnürter Unterhose, auf dem Kopf den ausgehöhlten Schädel eines Widders, in der linken Hand eine Keule, mit der er hätte einen Ochsen totschlagen können, in der rechten Hand einen Bratenschinken, von dem er mit

den Zähnen große Fetzen abriß. In irrsinnigem Schrekken floh der Friseur, so schnell es seine tadellos geputzten Beinschienen und der enge Spitzenkragen erlaubten, in das befestigte römische Lager zurück. Er hatte einen Teutonen gesehen!

Der Friseur wurde der Urheber des geflügelten Wortes vom »Furor teutonicus«.

Daß man den »Teutonischen Schrecken« überwinden kann, bewies Generalfeldmarschall Marius einige Monate später. Seine Legionen hatten sich an den furchterregenden Anblick der Germanen gewöhnt und schlugen sie auf ihrer Wanderung nach Rom vernichtend in der Ebene, wo zweitausend Jahre später ein gewisser Vincent van Gogh seine weltberühmten Bilder malte. Die Frauen und Kinder dieser Teutonen gaben sich selbst den Tod. Logisch, daß mein und Ihr Ur-Ur-Ur-Ur-Ur-Großvater nicht dabei war. Da aber war er irgendwo in Germanien, und ich finde, es ist ein erregender Gedanke, daß unsere Geschlechter bereits existierten und sich tapfer, zäh und schlau durch die fürchterlichen Metzeleien von zwei Jahrtausenden hindurchretteten. Ich muß sagen – Hut ab!

Die Sache mit dem Manikeur ereignete sich im Jahre 102 vor Christi Geburt. Ein anderer germanischer Stamm aus dem Norden, die Kimbern, befand sich ebenfalls mit Kind und Kegel auf der Wanderschaft und drang sogar bis in die Po-Ebene vor. In den römischen Villen saß

HERMANNSDENKMAL

man wie auf glühenden Kohlen und schwor sich, daß sich das nicht wiederholen sollte. Der Schwur hielt länger vor, als im allgemeinen Schwüre zu halten pflegen, nämlich 267 Jahre. Dafür sorgte vor allem Gajus Julius Caesar, der ganz Gallien (das heutige Frankreich) und einen Teil Germaniens unterwarf, das heißt die Gegenden von Rhein, Main, Baden, Schwaben und Bayern. Nach Caesars Tod versuchte der römische General Varus, auch noch den ewigen Unruheherd Norddeutschland auf jene Art zu »beruhigen«, wie das Generäle zu tun pflegen, aber

er geriet an den Unrechten: Armin, ein Führer des germanischen Cheruskerstammes, schlug ihn in einer Regen- und Sturmschlacht im Teutoburger Wald so vollständig, daß nur wenige Römer über den Rhein entkamen.

Die Cherusker waren sehr stolz auf diesen Sieg, und die Deutschen von 1875 waren es auch, denn sie errichteten auf einem Gipfel des Teutoburger Waldes, und zwar, in Ermangelung genauerer Überlieferung, bei Detmold, eine 57 Meter hohe Hermann-Statue. Ob Arminius selbst damals ungetrübt froh über den Sieg gewesen ist, könnte man fast bezweifeln. Er haßte zwar die Römer und liebte die Freiheit, aber hassen und lieben kann jeder Schafskopf. Arminius war jedoch alles andere als ein Schafskopf. Seit jener Geschichte mit dem Friseur und Manikeur waren 110 Jahre vergangen. Arminius war ein

»Edler«, das heißt, sein Vater besaß eine Klitsche und viel Land und Leute. Der kleine Armin war seinerzeit als Geisel nach Rom zwangsverschleppt worden, hatte dort Bildung erworben und kehrte als römischer Leutnant h. c. zurück. Ihm war zweifellos klar, daß mit der milden Hand der Römer auch ihre Kultur und Zivilisation gekommen wären. Statt dessen kam nun der Eiserne Vorhang. Vielleicht bildete sich Arminius ein, daß sein frischer Ruhm ausreichen würde, die noch selbständigen Volksstämme zu vereinigen und mit ihnen ganz Germanien zu befreien. Er hätte nicht ausgereicht. Die Weltgeschichte lehrt leider, daß zum Zusammenschweißen Feuer und Schwert nötig sind. Man kann es bedauern, aber man kann es nicht leugnen. Auch in den Vereinigten Staaten von Amerika, die später die Atlantik-Charta erfanden, war es 1861 so.

Aber die Frage, was sich Arminius gedacht hat, ist müßig. Er setzte voraus, daß er am Leben blieb. Das tat er jedoch keineswegs. Vielmehr machten die Cherusker mit ihm das, was seither die Deutschen immer wieder gern mit ihren Helden getan haben oder hätten: sie ermordeten ihn. Nun war also Ruhe. Jene Ruhe etwa, die der Geschäftsmann meint, wenn er sagt: Es sind sehr ruhige Zeiten.

(1964)

Hermann und Thusnelda

Am nächsten Tag machten die fünf Brüder einen Ausflug zum Hermannsdenkmal. Als sie nach anderthalb Stunden durch den dick verschneiten Wald auf dem Gipfel ankamen und an dem mächtigen, säulengeschmückten Rundbau hinaufblickten zu der grünspanfarbenen Kolossalfigur mit dem erhobenen Schwert in der Hand, verschlug es ihnen den Atem. Unwillkürlich nahmen sie alle die Mützen ab. In die Stille hinein sagte Magnus:

»Ziegen und Affen! Jawoll! Unser Hermann, das war ein Germane! Genauso denkt man ihn sich. Ein Übermensch! Großartig!«

»Ja«, grinste Paul, »es hat den Erbauer, Ernst von Bandel, aber auch 60000 Mark gekostet, eh er dies Denkmal hier auf der Grotenburg aufbauen konnte. Zuerst wollte ihm nämlich keiner Geld geben. Erst viel später erhielt er dann aus Reichsmitteln einen Zuschuß von 30000 Mark. Ja, diese Spießer. Na, aber nun steht es endlich hier oben als Wahrzeichen.«

»Für alle Germanen! Jawohl: für alle Germanen!« nickte Magnus. »Ist es wahr, daß in dem Kopf oben ein kleines Zimmer ist?«

Zur Erinnerung a.d. 1900 Jahrfeier
der Schlacht im Teutoburger Walde, 15-22 Aug. 1909.

»Stimmt«, rief der Gymnasiast, »man hat eine herrliche Aussicht von dort über den Teutoburger Wald!«

»In der Faust, die das Schwert hält«, sagte der kleine, schmale Albrecht, »da kann man gebückt stehn. Aber jetzt im Winter kann man nicht rein. Es ist geschlossen.«

»Kinders«, setzte sich Magnus die Mütze wieder auf, »es wird einem ganz erhaben zu Mut, wenn man denkt, daß dieser Hermann der erste war, der es fertiggebracht hat, die germanischen Stämme unter einen Hut zu kriegen. Das heißt, er hat ja einen Helm auf und sogar zwei Flügel dran wie der Lohengrin. Man stelle sich vor: die Macht des Römerreiches! Und unser Germanien besetzt bis hierher zum Teutoburger Wald! Eine Schande! Und da wagt es dann dieser Hermann, den frechen Römern eins auf den Schädel zu hauen!«

»Als die Römer frech geworden«, sangen die Gymnasiasten los, »simserimsimsimsimsim, zogen sie nach Deutschlands Norden, simserimsimsimsimsim! Pauken und Trompetenschall ...«

»Aber dann«, rief Magnus, »Krähen flogen durch die Luft, und es war ein Moderduft wie von Blut und Lei-eichen!« Nun grölten die Gymnasiasten mit:

»Wie von Blut und Lei-eichen!«

»Jawoll«, stierte Magnus in das bleierne Schweigen der Schneelandschaft, »und schon wieder werden die ›Römer‹ frecher und frecher. Aber man sieht nirgends einen

Armin. Nee, meine lieben Brüder, den sieht man nicht. Man möchte vor Wut aus der Haut fahren, bedenkt man, wie die Römer einst hier in unseren Wäldern gehaust haben. – Na, und wenn man heute die Berliner Presse liest? Wer haust da? Das Zentrum, nur Pfaffen und Juden! An jedem Zeitungskiosk die ›Zukunft‹ von diesem Maximilian Harden oder das ›Berliner Tageblatt‹. Nee, meine Brüder, was diese ›Römer‹ uns Germanen für eine Zukunft wünschen, das schwant einem. Ihr denkt, der Kaiser regiert oder Preußen? Hahaha! Nee, Rom regiert und die Hofjuden! Ich sehe sie doch immer vorfahren, wenn ich Schloßwache habe. Jawoll! – Na unser Herr Prinzenmitschüler sagt ja gar nichts! Woran denkt er denn, daß er immer so in den Wald reinglotzt?«

»Ich? – Ich erlebte eben im Geist die größte deutsche Liebestragödie, die von keinem Drama übertroffen wird.

Was ist denn ›Romeo und Julia‹ gegen ›Hermann und Thusnelda‹? Und hier hat es sich abgespielt. Hier hat der Cheruskerfürst das schöne, schlanke Mädchen mit dem weizengelben Haar und den Kornblumenaugen aus dem Hof ihres Vaters Segest, des Römerfreundes, fortgeholt und ist mit ihr durch diese Wälder geritten.«

»Ja, dieser Segest«, knirschte der Leutnant, »das war auch so ein Typ wie jene deutschen Fürsten, die ihre Untertanen verkauften ...«

»Wenn man es in der Geschichtsstunde nur hört, das ist gar nichts«, redete U2 weiter, »aber wenn man hier im Teutoburger Wald steht und sich vorstellt, wie Hermann und Thusnelda in einer Liebe vereint waren, die so groß war wie die von Dante und Beatrice oder vielleicht noch größer ...! Denn Thusnelda war keine philosophische Idee, sie lebte ja wirklich. Sie war eine jener Frauen, die, wie Tacitus sagte, heilig und prophetisch waren! Ach, Kinders, was waren das für wunderbare Menschen! Hermann und Thusnelda liebten und achteten sich, und aus ihrer Liebe entsprang der Funke ihres Freiheitsgefühls. Wenn sie den Waldtieren zusahen oder zwischen den Zweigen das Licht der Sonne, der Sterne oder des Mondes auf sich fühlten, dann konnten sie gar nicht anders, als mit jedem Atemzug spüren, was Gott gemeint hatte mit der Freiheit. Und sie waren an Leib und Seele rein. Ich sage euch, wäre ihnen hier im Wald der zu ihrer Zeit neunjährige Christus begegnet, wahrhaftig, ich schwöre euch ...«

»Hahä, unser Prinzenmitschüler«, stemmte Magnus die Hände in die Hüften, »das ist ja eine perverse Vorstellung: Christus hier im Teutoburger Wald zu Besuch bei Hermann! Hahaha. Wenn du noch Baldur gesagt hättest. Aber Christus?«

»Vielleicht habe ich mich nicht gut ausgedrückt«, erwiderte U2. »Ich meine, Christus hat gesagt ›Selig sind

Armin entführt Thusnelda

die reinen Herzens sind, denn sie werden Gott schauen‹. Wahrhaftig, ich glaube, Thusnelda und Hermann waren so reinen Herzens. Und deshalb haben sie auch die Freiheit geschaut. Denn was kann Gott anderes sein als die Freiheit? Ich meine: als jene Freiheit ...«

»Na nu stopp mal«, blickte ihn Magnus schief an, »nun hör mal auf, romantisch zu sein! Das ist's ja gerade, was diese ›Römlinge‹ von uns Germanen wollen, daß wir romantisch bleiben, Träumer, dumme Michel!«

»Pardon«, hakte sich U2 den Mantelkragen auf, »aber du verstehst nicht, was ich meine. Ich wollte nur feststellen, daß dem Hermann die Kraft, die Germanenstämme zu einen und gegen Rom zu führen, aus diesem Freiheitsgefühl kam, das er durch seine Liebe entdeckt hatte.«

»Habt ihr das gehört, Brüder? Der Herr Prinzenmitschüler ist der Ansicht, daß Arminius durch die Liebe befähigt wurde, die Hermannsschlacht zu schlagen! Na, denn Prost!«

»Das sind keine romantischen Träumereien, sondern geschichtliche Tatsachen! Mit dem Sieg über Varus hatte I Icrmann als erster die deutsche Einheit geschaffen.

(1964)

Friedrich Franz von Unruh

Deutschlands Einheit, Deutschlands Stärke

Dank den Eltern und heimatkundigen Lehrern lernten wir Schönheiten und Besonderheiten des Landes kennen. Oft stiegen wir zur Grotenburg und zum Hermannsdenkmal hinauf. Alljährlich am Sedantag nahm das ganze Gymnasium den gleichen Weg, um Wettkämpfe auszutragen und den Mann zu feiern, der die Fremdherrschaft abgeschüttelt, und den, der in fünfzigjähriger Arbeit unter äußersten Opfern das Denkmal errichtet hatte. Von den Ausmaßen überwältigt, betrachtete ich das riesige Standbild und entzifferte mit zurückgebogenem Kopf die goldenen, ins Schwert getriebenen Lettern »Deutschlands Einheit, Deutschlands Stärke Deutschlands Stärke, Deutschlands Macht«.

(1967)

Deutsche Einigkeit –
Meine Stärke,
Meine Stärke –
Deutschlands Macht!

Heinz Ludwig Arnold

Der germanische Hermann
im Teutoburger Wald

Die Erinnerung der Deutschen pflegt sich in nationalen Stoßzeiten nicht nur mit historischen Plänkeleien abzugeben: das mythisch Monumentale, fiktiv Nationale sucht einen Urgrund auf, der wenig nachprüfbar ist – also offen fürs Irrationale – und fernab von der Zivilisation – also geeignet zur Mystifikation. Ich meine die germanische Wurzel, aus der die geschichtslosen nationalen Wunschträumer den süßen Met ihres Selbstbewußtseins sogen. Im germanischen Urgrund finden sich alle zurecht, finden alle Gemeinsames: Sehnsucht etabliert sich als Erinnerung. Da lag es nahe, sich einer historischen Tat zu erinnern, der weltgeschichtliche Bedeutung abzusprechen vermutlich nicht möglich ist: im Jahre 9 nach Christus vermochte es der Cheruskerfürst Hermann, als Arminius lange Zeit in römischen Diensten und ihretwegen von den Römern geehrt, die nordgermanischen Stämme für kurze Zeit zu einigen und erfolgreich gegen die römischen Legionen zu führen. Mit dem Ergebnis, daß die Römer auf ihre Linien südlich des Mains zurückgedrängt wurden und die Eroberung des gesamten germanischen

158

Bereichs aufgaben. Unzweifelhaft hat diese Tat die europäische Geschichte entscheidend geprägt – auch wenn die Einheit der nordgermanischen Stämme nur kurzfristig war und schließlich für immer auseinanderbrach. (...)

Die germanische Sehnsucht der Deutschen hat im 19. Jahrhundert, gespeist aus aktuellen Gründen, ihren sichtbaren Niederschlag gefunden in einigen Nationaldenkmälern, die als Versuche gelten können, der Suche nach nationaler Identität ein sichtbares, stets nachvollziehbares, dauerndes Symbol zu setzen. (...)

Den reinsten Germanismus des nach Einigung drängenden deutschen 19. Jahrhunderts verkörpert das Hermannsdenkmal im Teutoburger Wald. Standort und Mo-

Das Heidental

numentalität lassen noch heute verspüren, aus welchem Geist es geschaffen wurde, auch wenn man die Monumentalität heute nur noch als Kuriosum ansieht, das sich in Zentnern und Metern ablesen läßt. Es spielt auch keine Rolle, ob der Standort dieses Denkmals tatsächlich identisch ist mit dem Ort, an dem der historische Hermann dem Varus die Legionen aufgerieben hat – die Theorien, die darüber aufgestellt wurden und noch werden, sind selbst Legion. Denn Geschichte als faktisches Geschehen jenseits der Mythologeme, dieser Ausflüchte pangermanischer Sehnsüchte hat ja keine Bedeutung außer einem symbolischen, angenommenen Wert – auch dies kennzeichnet die 56 Jahre andauernde Genesis dieses Monuments.

Ob man auf Detmold zu aus Richtung Horn, Paderborn, Lemgo oder Sennestadt anfährt – man kann dem 53½ Meter hohen Hermannsdenkmal kaum entgehen, das über der kleinen Ortschaft Hiddesen auf der Grotenburg des alten Teutberges steht. Sieht man nicht sogleich das ganze Monument mit seinem 27 Meter hohen Sockel, so ist der Eindruck, den der hoch über den Wäldern aufragende Hermann mit dem drohend hochgestoßenen Schwert in der Rechten macht, ungleich gewaltiger und komisch zugleich: der massige Koloß auf den leichten Wipfeln der Bäume, über einem dichten Mischwald allerdings: antiurban und im landläufigen Sinne romantisch.

Bandel

Und wer, von Horn kommend, ohnehin noch unter dem Eindruck der Externsteine, jener alten germanischen Kultstätte südöstlich vom Hermannsdenkmal, steht, ist präpariert oder sagen wir doch: eingestimmt auf Mythenumwobenes. Ähnlich mag es Ernst von Bandel ergangen sein, als er, der Erbauer des Hermannsdenkmals, 1837 erstmals den Teutoburger Wald durchwanderte, um einen geeigneten Platz für sein dem deutschen Volk zu schenkendes Weihemal zu suchen. Und auch Karl Folien, der nationale Sänger, mag so gefühlt haben, als er, ein Jahr bevor Bandel seine Idee vom Hermannsdenkmal kundtat, nämlich 1818, in seinem »Großen Lied« heroisch kongenial dichtete:

161

Der alte Hermann regt sich wild,
Der Freiheitsgott, im Eichengrab;
Und hoch vom Himmel winket mild,
Der uns der Seele Freiheit gab.
Am Bundesbanner wonnevoll
Kreuz, Schwert und Eiche glühen,
Auf Teutoburg und Rütli soll
Ein Eden uns erblühen.

Das war geradezu prophetisch gesungen, denn bis dahin
hatte es weder eine Überlegung zu einem Hermannsdenkmal noch gar eine Festlegung seines Standorts gegeben. Wo allerdings Folien sein »Eden ... erblühen«

Gruß aus dem Teutoburger Wald

lassen wollte, da hat sich heute ein kleines Eldorado des Tourismus etabliert: anderthalb Millionen Besucher zählt das Hermannsdenkmal jährlich, ein Viertel davon nur steigt die 75 Stufen des Unterbaus hinauf, um zu Füßen des 25 Meter hohen, 1527 Zentner schweren Bronze-Hermann einen Rundblick zu genießen, der nun freilich wirklich lohnend ist: von der im Norden liegenden Porta Westfalica erkennt man bei gutem Wetter im Uhrzeigersinne weitergehend die Weserberge und in Umrissen sogar den Brocken, hinter den südlichen Ausläufern des Teutoburger Waldes den Habichtswald bei Kassel. Aber auch wer sich nicht durch die enge Wendeltreppe auf den Rundgang am Sockel der Bronzefigur hochquälen will, wird vom Wald entschädigt, in dem sich selbst in Stoßzeiten wie Pfingsten, Ostern oder am 1. Mai 25 000 Besucher einigermaßen verteilen lassen. Solche Besuchermassen werden sogar von den Andenken-, den Würstchen- und Bierbuden verkraftet; für Festlichkeiten mit größerer personaler Besetzung, etwa für 600 Personen, bietet das Cafe ›Am Hermannsdenkmal‹ seine erfahrenen Dienste an. An mythische Vergangenheit gemahnt dann allenfalls noch ein erfrischendes Glas vom Germania-Pils oder eine Crème-Schnitte à la Thusnelda.

(1971)

163

Volker Braun

Der Teutoburger Wald

Die Hügel nahe sind entfernt vom Wetter
Naß die Fichten, keine drei Schritt vor mir
Wegtretend im Nebel, der Wanderweg
Empfiehlt sich in das Nichts. Glitschig am Fuß
Und waldursprünglich aus dem Hinterhalt
Geschichte, die Gräber im letzten Dickicht
Wie kauernde, in Reih und Glied, Soldaten
In Schlamm versinkend offnen Augs blind:
In meinem Alter mein Herr Vater fröhlich
Im Eilmarsch von Sachsen bis Niedersachsen

Notgeld Horn

164

Verschossen in den Krieg, die Fahnenjunker-
Anwärter (auf dem Grab: Anwärter), er
Freiwillig meldet der sich, englische
In dem Gestrüppe! Tanks anschleichen, das
Am letzten Schlachttag, war sein Oster-
Denn Ostern wars, Spaziergang in den Tod.
Die Vöglein schweigen im Walde, warte nur.
Was soll ich sagen, bald könnt ich sein Vater
Sein, und war einst vor was weiß ich viel Jahren
Mit vielen Brüdern um den Urmensch, eine
Idylle mit geladenem Gewehr
Auf der Veranda, das er uns erklärt
Vorweg, den äußerlichsten Mechanismus
Seines Ablebens. Und der Wald steht stur
Über den Gräbern, die auf Gräbern ruhn
Sinds Wurzeln oder Beine fleischlos kalt
Die mir ein Bein stelln und worauf ich geh
Mit meinem deutschen Bauch auf römischen Zehn
Die in Legionen knirschen unterm Schuh:
Die andre Schlacht wie gestern. Aus dem Laub
Im Hünenring die Freunde stochre ich
Auf in die Schlüfte, Armins Haubolde
(In Rochwitz unser Fleischer: Haubold, ja)
Drei Nächte sind wir, ausnahmsweise, einig
Aus Hängen sausend, und die Schlägertrupps
Aus Rom liegen ein Jahr den Krähen.

Notgeld Detmold

Von da bis heute alles Nebel hier
Das Denkmal selbst, Hermann mit Preußens Kraft
Unsichtbar in der Suppe. Das beweist nichts
Und nichts beweist was, Grabbe nebenan
Soff sich tot im Gasthof Zur Stadt Frankfurt
Nicht ohne daß er, die erfolgt war, die
Freiheit des Vaterlands für seine Fürsten
Und ihm blieb nur ein kaltes Weib, ein Giftzahn
Lorbeer auf sein Leichenhaupt und lebend
Ihn anpissen! besang. Das
Alles noch tief im Wald. In diesem Detmold
Im Pornofilm Thusnelda, sah ich, kaut
An Hermanns Schwert und war nicht seine Braut.

(1979)

Thomas Valentin

»Mein Herz ist grün vor Wald«

Hinter Hiddesen, ein Kornhändler hatte ihn auf seinem
Rollwagen mitgenommen, stieg er gegen den Berg in
den Lippischen Wald. Grabbe fühlte sich frisch, jung;
er knöpfte den braunen Rock auf und sog die reine Luft
in sich. Seine empfindlichen Füße schmerzten auf dem
Waldboden nicht. Er ging zwischen den Bäumen und
hielt die Hand auf: Sonne fiel hinein, er zog die Solda-
tenmütze ab und öffnete sich der milden Wärme – der
Frost in seinem Gemüt, seinem Fleisch taute. Grabbe
versuchte zu laufen, über einen vom Wetter gestürzten
Baumstamm zu springen. Es gelang ihm; er wurde froh
und ging weiter.

Hier kannte er jeden Steg, jeden Bach! Hier war doch
das Hellste seiner Erinnerungen von der Kindheit her,
das Lebendigste, das geschwiegen hatte, jahrelang,
zugeschüttet vom Elend, der gebrochenen Hoffnung,
den zerschlagenen Träumen, überschwemmt vom Rum.
Doch jetzt stand es wieder auf, grünte, wuchs, reckte
sich und schüttelte die Wipfel, in denen es sang, hun-
dertstimmig und klar. Er hörte die Drossel wieder, der er
vor zwanzig Jahren nachgeschlichen war, von Baum zu

Obere Mühle in Hidessen

Baum in der Morgenfrühe, wenn der Vogel anhob und die fünf Noten, genau diese fünf Töne sang, frisch und durchsichtig, wie Quellwasser durch die Finger tropft – die Morgentöne aus einer Musik Mozarts! Erst viel später hatte er erfahren, daß der junge Mozart die Amsel lange vor seiner Komposition gehört, daß er Natur zum Widerklang, zu neuer Wirklichkeit gebracht hatte.

Auf einer Felskuppe blieb Grabbe stehen, wischte sich das Gesicht ab, sah um sich. Sternschanze, Uffler, Grotenburg und da drüben, weiter nach Süden, Hohnei, Kortewebelshals, Koppennacken, Möllmannskamp, Schnepfenflucht, Gauseköte – das klang doch anders als Düsseldorf und Eschersheim.

168

Das Sterben will ich im Teutoburger Wald abmachen. Nä, nä, erst das Stück, die *Hermannsschlacht.* Teufel, da wächst was! Ans Sterben denk ich nicht länger. Die *Hermannsschlacht* ist über mir wie ein Sternenmeer. Ich, die Krabbe aus dem Detmolder Zuchthaus – wenn ihr schon alle tot seid, verfault, vermodert, ich lebe noch! Mit meinem *Gothland* lebe ich noch, meinem *Napoleon,* meinem *Don Juan und Faust,* meinem *Hannibal,* in hundert Jahren noch. Die *Hermannsschlacht* muß noch mehr Wahrhaftigkeit haben, Schlachtendampf, Gewitter, lange sprühende Blitze auf diese Gipfel! Mir ist einerlei, wie sie's auf die Bühne bringen wollen, das Stampfen der Pferde, das Morden – und die Massen, aus denen die Geschichte gemengt wird, das Volk, in dem Hermann verschwindet, aus dem Hermann sich aufbäumt wie der Sturm aus der flauen Luft. Ich hab eine Liebe für die Bauern Westfalens, ihre Steinschädel, ihre breiten, langsamen Hände, ihren erdfesten Tritt, den Argwohn ihrer Blicke; und ihre Mäuler, die so viel schlucken und kauen, ehe sie das Wort auf die Zunge legen – und wieder verschlucken. Gut, sie heucheln, daß sie Christen sind, stülpen sich sonntags den Heiligenschein auf die Dickköpfe und sind doch von der Demut, von den sanften Sinnen der Christen weiter weg als der Bulle von der Lilie. (...)

Grabbe kam zu einem stürzenden Waldbach, ein dünner Eichenstamm lag darüber. Grabbe hielt den Atem an und

ging vorwärts, schwankte, breitete die Arme aus und kam hinüber. Er lachte. »Mein Herz ist grün vor Wald«, sagte er in die Stille, und: »Ich habe zu lange wenig Sonne genossen.« Er stieg höher, über die Sternschanze hinaus. ›All das Grün, alle Täler, das volle Volk der Bäume soll hinein in das neue Stück, soll darin rauschen und sich bewegen. Und alle diese Dickköppe, Knorze und breitspurigen Roßtäuscher und Bauern, mit ihrer gerissenen Dummheit, ihrer Fleischeslust, ihrem breiten Arsch, den sie der Kultur, den Römern entgegenhalten; samt ihrer Hinterlist und ihrem Todesmut, mit dem sie bullenstark und ochsenstur in den Sieg gehen und ins Verrecken. Ich will die ganze mörderische Schlacht im Teuroburger Wald, die zwanzigtausend Leichen, hier aus der Erde reißen – und am Schluß ins alternde Rom gehen, zum Kaiser Augustus, und dann dem Stern folgen nach Bethlehem, mit den drei Königen aus Äthiopien, Arabien und Indien, das Schilf des Jordans flüstern lassen und an die Krippe treten. Jesus Christus – und immer auch, gleichzeitig, ein Augustus, Tiberius, Pontius Pilatus, ein blutdürstiger Herodes! So stampft die Geschichte Liebe und Mord aus unserer rollenden Erde – und hier, auf den Bergeshöhen um Detmold, soll diesmal das tragische Menschenspiel seinen Anfang nehmen.‹

Grabbe blieb stehen. Am Ende eines Holzwegs, einen Kahlschlag vor sich, schloß er die Augen und lauschte auf das Murmeln, das Singen, das Rauschen, mit dem der Wind in die Bäume am Waldrand fuhr. Er sprach und verwarf Szenen aus seinem Stück; suchte andere und fand sie, ging auf und ab zwischen den Stubben und trat dawider. Grabbe fluchte, lachte, machte die Augen wieder auf und schwankte mit seinem schlotternden Gang auf der kahlen Lichtung hin und her.

(1980)

Simon Dröge

Der doppelte Hermann

Am 15. Januar 1938 kam der damalige Reichsminister und spätere Reichsmarschall Hermann Göring nach Detmold, um an der Erinnerungsfeier für den Wahlkampf des Jahres 1933 teilzunehmen. Als sein Flugzeug sich dem Ziel näherte und in geringer Höhe über den Teutoburger Wald auf den Flughafen Detmold zuschwebte,

Die Grotenburg

sagte der Adjutant zu seinem Chef: »Herr Reichsminister, dort unten sehen Sie das Hermannsdenkmal.«
Göring sah zum Fenster der Maschine hinaus und entgegnete, Bescheidenheit vorschützend: »Aber das hätten die lippischen Parteigenossen doch nicht machen müssen!«

(1982)

Hans Dieter Hüsch

Hagenbuch in Detmold

Hagenbuch hat jetzt zugegeben
(...) daß es wenige Jahre darauf
In der alten Soldatenstadt Detmold
Ebenso schiefgegangen
Hagenbuch
Habe dort gleich nach Ankunft
Schon am ersten Tag
Durch Verzehr eines Omelettes mit Schinken und Speck

Detmold mit Grotenburg und Hermannsdenkmal

Seinem Vater die ganzen drei Wochen restlos verdorben
Und sein Vater
Der ihm täglich aufs neue
Das berühmte Hermannsdenkmal habe zeigen wollen
Immer mit dem Hinweis
Daß in die Nase des Hermann
Ein ganzer Mensch passe
So groß sei der Hermann
Sein Vater habe die ganzen drei Wochen
Allein spazieren müssen
Auf und ab
Von Detmold nach Hiddesen
Und von Hiddesen nach Detmold
Während er
Hagenbuch
Mit einem verdorbenen Darm
In seinem Detmolder Zimmer
So Hagenbuch wörtlich
In seinem Detmolder Zimmer gelegen
Und die Stunden gezählt
Und die Tapete auswendig gelernt
Mitten im Sommer

(1983)

Kurt Bartsch

Hermann der Cherusker

Hermann der Cherusker,
Im Teutoburger Wald
Da steht der Held, gehauen
In Bimsstein und Basalt.

Er mißt fast dreißig Meter
Vom Sockel bis zum Hut.
In Wind und Wetter steht er.
Das ist es, was er tut.

Er hält in seiner Rechten
Ein Schwert, der große Held.
Das Schwert wirft einen Schatten
Von hier bis Bielefeld.

In Bielefeld die Greise
Gehn ungern aus dem Haus,
Denn seines Schwertes Schatten
Sieht wie ein Grabkreuz aus.

(1985)

NUR IN BRÜDERLICHER EINIGKEIT LEBT DEUTSCHEN VOLKES STAERKE MACHT UND HERRLICHKEIT

Hans-Ulrich Treichel

Hermann mit Röckchen und Flügelklappe

Die westfälische Heimat, sagte der Heimatkundelehrer, sei etwas, worauf wir mit Recht stolz zu sein hätten, denn sie zeichne sich durch besondere Schönheiten aus, um die uns so manch anderer Landstrich beneide (...). Allerdings zeigte sich recht bald, daß die Anzahl lohnender und typisch westfälischer Ausflugsziele ziemlich begrenzt war, so daß die Ausflüge entweder zum sogenannten Dreiländereck, zum Hermannsdenkmal oder zu den Externsteinen führten. Alles andere, was vielleicht auch als typisch westfälisch hätte gelten können, konnte schon deshalb nicht besucht werden, weil es für einen eintägigen Schulausflug zu weit entfernt war. (...)

Die Externsteine hatten allerdings sowohl für mich wie für meine Mitschüler keinerlei magische Anziehungskraft, und das, was der Heimatkundelehrer alte westfälische Kultsteine nannte, war nichts anderes als die gute Gelegenheit für ein paar Ritzereien. Wir hätten wahrscheinlich auch das Hermannsdenkmal mit den verbotenen Zeichen versehen, an das Hermannsdenkmal aber beziehungsweise an den Hermann war kein Herankommen. Man konnte weder auf den Hermann hinaufklet-

179

tern noch, obwohl er hohl war, in ihn hinein. Blieb also nur der steinerne Sockel, der aber weder mich noch meine Kameraden sonderlich interessierte. Zumal auch der Hermann selbst uns Schülern ziemlich lächerlich vorkam mit seinem Röckchen, der Flügelkappe und den Sandalen. In gewisser Weise unterstützte uns der Heimatkundelehrer in unserer Abneigung gegen den Hermann, den er einerseits monströs nannte und andererseits weibisch. Der Heimatkundelehrer meinte, daß der Hermann, wie er auf dem Hermannsdenkmal stehe, nichts, aber auch gar nichts mit dem wirklichen Hermann zu tun habe. Wir sollten uns davon nicht irremachen lassen, denn der wirkliche Hermann sei weder so monströs gewesen noch so weibisch. Der Deutsche tut des Guten gern zuviel, sagte der Heimatkundelehrer, und er würde es niemandem verübeln, wenn wir uns dem Hermann gegenüber eine gewisse Distanz bewahrten. Er halte dies sogar für erforderlich, wobei er, wenn er Hermann sage, nicht den historischen Hermann meine, sondern den Hermann auf dem Hermannsdenkmal. Ersterer sei für ihn ein Held, während letzterer für ihn nichts als ein riesiger weibischer und lächerlicher Blechkerl sei, der mit seinem Röckchen und den ausgestellten nackten und gar nicht muskulösen Beinen an alles mögliche denken lasse, nur nicht an einen deutschen Helden und Krieger. Der wirkliche Hermann, sagte der Heimatkundelehrer, sei meilenweit von

dem Hermann des Hermannsdenkmals entfernt, denn der Hermann des Denkmals sei ein weibischer Hohlkörper, der wirkliche Hermann dagegen ein männlicher Krieger, dessen Spuren allerdings in das geistige Deutschland eingegangen seien. Das geistige Deutschland aber könne man nicht auf einen Sockel stellen, das geistige Deutschland sei ein ursprüngliches Deutschland, und darum seien auch für ihn die Externsteine die wahrhaft bedeutenden Kulturdenkmäler unserer westfälischen Heimat. Die Externsteine seien nahe am Ursprung und verkörperten das, was den Westfalen im Innersten ausmache. Die Externsteine, sagte der Heimatkundelehrer, seien geistige Steine, und zugleich seien sie erfüllt von dem, was er den steinernen Geist unserer westfälischen Heimat nenne. Ich habe den steinernen Geist meiner westfälischen Heimat insofern kennengelernt, als ich den westfälischen Menschen zumeist als versteinerten Menschen erleben mußte.

(1996)

Quellen und Autoren

Heinz Ludwig Arnold, geb. 1940 in Essen. Arnold gründete im Alter von nur 22 Jahren im Jahre 1962 die Literaturzeitschrift TEXT+KRITIK. Seither arbeitet er als Kritiker und Herausgeber. Von 1972 bis 1984 hatte er einen Lehrauftrag für Literaturkritik an der Universität Göttingen. Seit 1995 ist er Honorarprofessor an der Universität Göttingen. 1998 erhielt er den Niedersachsenpreis für Publizistik. Seit 1999 ist er Mitglied der Deutschen Akademie für Sprache und Dichtung.
Arnold ist Autor und Herausgeber zahlreicher Bücher, darunter des »Kritischen Lexikons zur deutschsprachigen Gegenwartsliteratur« (1978 ff.) und des »Kritischen Lexikons zur fremdsprachigen Gegenwartsliteratur« (1983 ff.).
Die hier abgedruckten Passagen zum Hermannsdenkmal sind mit freundlicher Genehmigung des Verfassers seinem Beitrag »Der germanische Hermann im Teutoburger Wald« aus dem 1971 erschienen Sammelband »Wallfahrtsstätten der Nation« entnommen.

Johannes Aventinus (d.i. Johannes Turmair), geb. am 4.7.1477 in Abensberg (Kreis Kelheim), gest. am 9.1. 1534 in Regensburg. Aventinus wurde 1517 bayerischer Hofhistograph. Er gab 1523 die erste Karte Bayerns heraus.
Sein literarisches Hauptwerk sind die »Annales ducum Bavariae« (1519-22) sowie die freie deutsche Bearbeitung dieses Werkes – die »Baierische Chronik« (entstanden 1522-33), wegen seiner antipäpstlichen Tendenz erst nach dem Tode des Autors gedruckt. Der hier abgedruckte Beitrag entstammt ebendieser »Baierischen Chronik«.

Josef Ernst von Bandel, geb. am 17.5.1800 in Ansbach in Bayern, gest. am 25.9.1876 in Neudegg. Nach der Schulzeit in Ansbach

und Nürnberg besuchte von Bandel seit 1816 die »Bauschule der Akademie« in München. Von 1825 bis 1827 ging er auf eine große Italienreise. Danach bis 1836 Bildhauer in München, Berlin und Hannover. 1837 übersiedelte er nach Detmold, wo er bis 1846 den Unterbau des Hermannsdenkmals errichtete. Zwischen 1846 und 1862 arbeitete von Bandel in Hannover an der Figur des Hermannsdenkmals, das am 16.8.1875 schließlich feierlich eingeweiht werden konnte.
Der hier abgedruckte Beitrag ist von Bandels 1937 posthum erschienenen »Erinnerungen aus meinem Leben« entnommen.

Kurt Bartsch, geb. am 10.7.1937 in Berlin, verdingte sich nach der Schulzeit zunächst als Gelegenheitsarbeiter in verschiedenen Berufen. Danach studierte er Literatur in Leipzig, ohne das Studium formal abzuschließen. 1976 war er einer der Mitunterzeichner der Petition gegen die Ausbürgerung Wolf Biermanns aus der DDR. 1979 wurde Bartsch aus dem Schriftstellerverband der DDR ausgeschlossen. 1980 wechselte er von Ost- nach West-Berlin. Bartsch veröffentlichte Lyrik, Stücke und Prosa.
Das Gedicht »Hermann der Cherusker« ist zuerst in dem 1985 erschienen Band »Weihnacht ist und Wotan reitet« erschienen. Dem Rot-Buch Verlag, Berlin, sei für die freundliche Kooperation bei der Suche nach dem Rechteinhaber gedankt.

August Bolhöfer (»Simon«), geb. am 1.12.1849 auf dem Bolhof bei Oerlinghausen, gest. am 2.7.1917 in Lippstadt.
Bolhöfer arbeitete lange als Hausierer, vorwiegend im Sauerland, später gründete er in Lippstadt ein Farben- und Tapetengeschäft. Durch seine um 1900 entstandene plattdeutsche Version des Römerliedes über die Varusschlacht »Med der grauden, frechen Schniuden« ist der lippische Heimatdichter weithin bekannt geworden.

Volker Braun, geb. am 7.5.1939 in Dresden. Nach dem Abitur erhielt er keinen Studienplatz verdingte sich zunächst als Druckerei- und später Tiefbauarbeiter. Nach einer Ausbildung zum Maschinisten konnte er ab 1960 endlich Philosophie in Leipzig und Berlin studieren. 1965/66 war er Dramaturg am Berliner Ensemble, seit 1972 Mitarbeiter am Deutschen Theater Berlin. Braun veröffentlichte Gedichte, Dramen, z. B. »Die Kipper« (1972), und Prosa, z. B. »Es genügt nicht die einfache Wahrheit« (1975). Er erhielt zahlreiche Auszeichnungen, u. a. den Heinrich-Heine-Preis und den Heinrich-Mann-Preis.

Das Gedicht »Der Teutoburger Wald« ist mit freundlicher Genehmigung des Suhrkamp Verlages entnommen aus: Volker Braun, Gedichte, © Suhrkamp Verlag Frankfurt am Main 1979.

Cassius Dio Cocceianus, geb. um 160 in Nikaia (heute Iznik, Türkei), gest. um 235. Cassius Dio war römischer Senator, Konsul, Schriftsteller und Geschichtsschreiber.

Cassius Dio verbrachte den größten Teil seines Lebens im öffentlichen Dienst. Er wurde unter Commodus Senator und später Kurator der kleinasiatischen Städte Smyrna und Pergamon. Um das Jahr 205 war er Konsul, später Prokonsul von Afrika und schließlich Statthalter von Pannonien und Dalmatien. Kaiser Severus machte ihn 229 zum zweiten Mal zum Konsul.

Cassius Dio veröffentlichte eine Römische Geschichte in 80 Büchern, die nur zum Teil (Buch 36 bis 60) erhalten sind. Sie gilt als eine der wichtigen Quellen für die römische Geschichte. In ihr ist dieser Abschnitt über die Schlacht im Teutoburger Wald zuerst erschienen.

Die hier abgedruckte deutsche Übersetzung des Textes von R. und K.-P. Johne wurde der von Joachim Herrmann herausgegebenen Quellensammlung »Griechische und lateinische Quellen zur Frühgeschichte Mitteleuropas bis zur Mitte des 1. Jahrtausends u. Z.« entnommen. Der Berlin-Brandenburgischen Akademie sei für die freundliche Kooperation gedankt.

Felix Ludwig Julius Dahn, geb. am 9.2.1834 in Hamburg, gest. am 3.1.1912 in Breslau. Dahn war der älteste Sohn einer deutsch-französischen Schauspielerfamilie. Er studierte Philosophie und Jura in München und Berlin. Nach Promotion zum Dr. jur. und Habilitation war er Dozent für Deutsches Recht in München. 1863 wurde er a.o.Professor in Würzburg. 1872 erhielt er einen Lehrstuhl in Königsberg, 1888 in Breslau.

Bekannt wurde Dahn einem großen Publikum durch seine historischen Romane, z. B. »König Roderich« (1875), »Ein Kampf um Rom« (1876) und »Die Kreuzfahrer« (1884). Das hier abgedruckte Gedicht ist um 1875 entstanden und der von Heinrich Schwanold herausgegebenen Festschrift zur Neunzehnhundertjahrfeier der Schlacht im Teutoburger Walde entnommen.

Simon Dröge (d.i. Arnold Ebert), geb. am 3.4.1921 in Detmold, gest. am 12.12.1989 in Detmold. Nach dem Abitur am Leopoldinum absolvierte Ebert ab 1940 seinen Wehrdienst und kehrte erst 1949 aus russischer Kriegsgefangenschaft zurück. Er studierte Jura in Freiburg, promovierte 1956 und durchlief dann eine schnelle Karriere an lippischen und westfälischen Gerichten. 1966 wurde er als Nachfolger Heinrich Drakes Vorsteher des Landesverbandes und als Nachfolger Wilhelm Süverns Vorsitzender des Lippischen Heimatbundes. Von 1972 bis 1984 war er Staatssekretär im nordrhein-westfälischen Ministerium für Ernährung, Landwirtschaft und Forsten.

In den Jahren seiner Tätigkeit für den Lippischen Heimatbund und den Landesverband Lippe hat Arnold Ebert zahllose Aufsätze über Lippe verfasst. Unter dem Pseudonym Simon Dröge trat er auch als Herausgeber einer Anekdotensammlung »Lippisches Schmunzelbrevier« (1982/2007) hervor, der der hier abgedruckte Beitrag »Der doppelte Hermann« entnommen wurde.

Joachim Fernau, geb. am 11.9.1909 in Bromberg, gest. am 24.11.1988 in Florenz. Fernau ging in Hirschberg im Riesenge-

birge zur Schule. Nach dem Abitur studierte er in Berlin. Seit 1952 lebte er als Journalist in München und der Toskana.
Fernau hat zahlreiche historische und zeithistorische Bestseller veröffentlicht, darunter »Rosen für Apoll« und »Cäsar lässt grüßen«.
Der hier abgedruckte Beitrag ist mit freundlicher Genehmigung der F.A. Herbig Verlagsbuchhandlung GmbH, München der 22. Auflage des Buches »Deutschland, Deutschland über alles ...« von Joachim Fernau entnommen, © 1972 by F.A.Herbig Verlagsbuchhandlung GmbH, München.

Lucius Annaes (oder Iulius) Florus, war ein römischer Geschichtsschreiber zu Beginn des 2. Jahrhunderts n. Chr. Seine genauen Lebensdaten sind unbekannt. Von manchen Quellen wird er mit dem Dichter Publius Annaeus Florus identifiziert.
Florus verfasste um 120 einen kurzen zweibändigen, sich vor allem auf Livius stützenden Abriss der römischen Geschichte bis zum Ende der Regierung des Augustus, in dem diese Passage über die Niederlage des Varus erschienen ist..
Die hier abgedruckte deutsche Übersetzung des Textes von G. Audring wurde der von Joachim Herrmann herausgegebenen Quellensammlung »Griechische und lateinische Quellen zur Frühgeschichte Mitteleuropas bis zur Mitte des 1. Jahrtausends u.Z.« entnommen. Der Berlin-Brandenburgischen Akademie sei für die freundliche Kooperation gedankt.

Otto Franzmeier, geb. am 2.11.1885 in Detmold, gest. am 23.4.1980 in Detmold. Nach dem Besuch der Knabenbürgerschule arbeitete Franzmeier zunächst drei Jahre am Katasteramt. Danach Ausbildung zum Lehrer in Bad Salzuflen. Von 1909 bis 1914 unterrichtete er an mehreren Detmolder Schulen. Nach der Teilnahme am Ersten Weltkrieg arbeitete er bis zu seiner Pensionierung 1949 wieder als Lehrer in Detmold.

Otto Franzmeier veröffentlichte mehrere Gedichtbände, darunter »Auf einsamen Wegen« (1921) und »Aus Seelentiefen rinnt ein Quell« (1925).
Der hier abgedruckte Beitrag ist zuerst in seiner Erinnerungen »Land des Glücks« (um 1963) erschienen und dem Band »Lippe-Detmold, eine wunderschöne Stadt« (2008) entnommen.

Ferdinand Freiligrath, geb. am 17.6.1810 in Detmold, gest. am 18.3.1876 in Bad Cannstatt. Freiligrath lebte bis 1825 in Detmold. Er ist bekannt durch seine politischen und sozialen Gedichte, z. B. »Ca ira!« (1846). Auf einer Westfalenreise lernte er im Jahre 1839 Levin Schücking kennen, mit dem er 1841 dann das Buch »Das malerische und romantische Westphalen« herausgab. Der hier abgedruckte Text »Der Unterbau des Hermannsdenkmals« wurde der stark überarbeiteten zweiten Auflage von 1872 entnommen.
Wegen seiner politischen Gesinnung verfolgt, ging Freiligrath 1845 nach Belgien und in die Schweiz, 1846 nach Großbritannien. 1848 nach Deutschland zurückgekehrt, wurde er wegen des Gedichts »Die Todten an die Lebenden« verhaftet, jedoch freigesprochen. Mit Karl Marx übernahm er bis 1849 die Redaktion der »Neuen Rheinischen Zeitung« in Köln. Von 1851 bis 1868 war Freiligrath erneut im Exil in Großbritannien. 1868 kehrte er nach Deutschland zurück. 1869 besuchte er Detmold.

Fritz Gehring, geb. am 22.4.1841 in Jerxen, gest. am 18.12. 1924 in Jerxen. Die Erinnerungen des Hofzimmermeisters Gehring an seine Erlebnisse mit Ernst von Bandel in den Jahren 1870 bis 1875 beim Gerüstbau zum Hermannsdenkmal fanden sich in seinem Nachlass. Sie wurden 1825 von Heinrich Schwanold anlässlich der 50jährigen Einweihungsfeier herausgegeben. Die hier abgedruckte Passage ist diesem Band entnommen.

Christian Dietrich Grabbe, geb. am 11.12.1801 in Detmold, gest. am 12.9.1836 in Detmold. Seit 1827 Militärauditeur, verfiel Grabbe zunehmend dem Alkohol und schied 1834 aus dem Dienst aus. Aufenthalte in Leipzig, Berlin und Düsseldorf. Grabbe konnte sich zu Lebzeiten nicht als Schriftsteller durchsetzen. Er gilt heute neben Büchner als wichtiger Vorbereiter des modernen Dramas. Zu seinen bekanntesten Werken gehören »Don Juan und Faust« (1829), »Scherz, Satire, Ironie und tiefere Bedeutung« (1827) und die »Hermannsschlacht« (gedruckt 1838), aus dem hier unter dem Titel »Die Schlacht auf dem Winfeld« ein kurzer Auszug wiedergegeben wird.

Friedrich Halm (d.i. Eligius Franz Joseph Freiherr von Münch-Bellinghausen), geb. am 2.4.1806 in Krakau, gest. am 22.5.1871 in Wien. Halm entstammt einer alten Beamtenfamilie. Nach dem Besuch des Stiftsgymnasiums in Melk und des Schottengymnasiums in Wien studierte er Jura und Philosophie in Wien. 1826 trat er in den Staatsdienst ein und durchlief eine erfolgreiche Karriere: Regierungsrat (1840), Kustor (1845), Präfekt der Wiener Hofbibliothek und Generalintendant der beiden Hoftheater (1867). Halm war seit 1847 Mitglied der Akademie der Wissenschaften. 1868 wurde er Vorstand des Verwaltungsrates der Deutschen Schillergesellschaft.
Halm veröffentlichte Dramen, z. B. »Griseldis« (1837) und Lustspiele, z. B. »König und Bauer« (1842).
Das hier verkürzt wiedergegebene Gedicht »Thusnelda« ist um 1850 entstanden und der 1860 erschienenen zweiten Auflage des von Ignaz Hub herausgegebenen Buches »Deutschlands Balladen- und Romanzen-Dichter« entnommen.

Heinrich Heine, geb. am 13.12.1797 in Düsseldorf, gest. am 17.2.1856 in Paris. Heine studierte Jura in Bonn, Göttingen und Berlin. 1831 ging er als Korrespondent der Augsburger »Allgemeinen Zeitung« nach Paris. Dort arbeitete er zusammen mit Karl Marx an den Deutsch-Französischen Jahrbüchern« (ab 1844). Heine erwarb sich schon früh Ruhm als Lyriker, z. B. »Gedichte« (1822) und »Harzreise« (1824).

Das hier unter dem Titel »Das ist der Teutoburger Wald« abgedruckte Gedicht ist das Caput XI aus » Deutschland. Ein Wintermärchen « aus dem Jahre 1844.

Peter Hille, geb. am 11.9.1854 in Erwitzen (Kreis Höxter), gest. am 7.5.1904 in Berlin. Hille besuchte Gymnasien in Warburg und Münster. Von 1878 bis 1879 war er Journalist beim »Bremer Tageblatt«. Nach dem Scheitern des Blattes Auslandsaufenthalte in Großbritannien und Holland, unstetes Wanderleben, schließlich Schriftsteller in Berlin. Hille ist bekannt durch Lyrik, Aphorismen und Romane, z. B. »Die Sozialisten« (1896). Im Winter 1902/03 gründete Hille, der bald eine Kultfigur der Berliner Boheme wurde, mit Hilfe einiger Freunde (u. a. Erich Mühsam, Else Lasker-Schüler, Otto Julius Bierbaum und Richard Dehmel) das »Cabaret zum Peter Hille«, in dem er literarisch-musikalische Abende veranstaltete.

Sein Roman »Die Hassenburg – Roman aus dem Teutoburger Wald«, aus dem der hier unter dem Titel »Zum Hermann« abgedruckte Beitrag entnommen ist, erschien posthum im Jahre 1905.

Hanns Dieter Hüsch, geb. am 6.5.1925 in Moers, gest. 6.12.2005 in Windeck-Werfen. Hüsch studierte Medizin, Literatur und Theaterwissenschaft in Mainz und Gießen. Seit 1947 arbeitete er als Kabarettist. 1956 gründete er in Mainz das Kabarett »Arche Nova«, dessen Leiter er bis 1962 war; danach war er vorwiegend als Solokabarettist tätig. Neben emsige Tourneetätigkeit traten zunehmend Auftritte in Rundfunk und Fernsehen. Hüsch erhielt zahlreiche Auszeichnungen, darunter 1972 und 1982 den Deutschen Kleinkunstpreis. Er veröffentlichte Schallplatten und Bücher, u. a. »Das schwarze Schaf vom Niederrhein« und »Der Fall Hagenbuch« (1983).

Aus letzterem stammt die Episode »Hagenbuch und die Gesunden«, dem der hier abgedruckte Abschnitt über Detmold und das Hermannsdenkmal mit freundlicher Genehmigung von Frau Christiane Rasche-Hüsch entnommen ist.

Ulrich von Hutten, geb. am 21.4.1488 auf Burg Steckelberg, gest. am 29.8.1523 auf der Ufenau. Von Hutten wurde bis 1505 in der Klosterschule Fulda erzogen, danach führte er ein Vagantenleben an deutschen und italienischen Universitäten, u. a. Köln, Leipzig, Padua und Bologna. Ihn verband eine enge Freundschaft mit Erasmus von Rotterdam. In Zusammenarbeit mit Martin Luther und Franz von Sickingen setzte er sich für eine Reichsreform mit einem starken Kaisertum ein. Wegen seines Dialogs »Arminius« (1519/20, veröffentlicht 1529), aus dem der hier abgedruckte Beitrag in der Übersetzung von G.B. Aldegarmann stammt, wurde von Hutten nach seiner Wiederentdeckung durch Herder auch als Vorkämpfer nationaler Einheit in Deutschland angesehen.

Heinrich von Kleist, geb. am 18.10.1777 in Frankfurt/Oder, gest. am 21.11.1811 in Berlin. Früh verwaist, trat er als ältester Sohn eines preußischen Hauptmanns der Familientradition folgend 1792 in das Potsdamer Garderegiment ein und machte 1794 den Rheinfeldzug mit. 1799 quittierte er den Dienst, um sich nach kurzem Studium in Frankfurt/Oder der Schriftstellerei zu widmen. Neben Trauer- und Lustspielen, u. a. »Die Familie Schroffenstein« (1803), »Amphitryon« (1807), »Der zerbrochene Krug« (1807) und »Prinz Friedrich von Homburg (1809-11), veröffentlichte er zahlreiche Erzählungen, u. a. »Die Marquise von O...« (1908) und »Michael Kohlhaas« (1908/10). Kleist war zu Lebzeiten kein Erfolg beschieden. Erst im 19. und 20. Jahrhundert setzte eine verstärkte Rezeption ein, wozu in der Wilhelminischen Zeit, der Weimarer Republik, vor allem aber auch im Nationalsozialismus das antinapoleonische und vaterländische Pathos beitrug, wie es beispielsweise in der »Hermannsschlacht«

(posthum erschienen 1821) zum Ausdruck kommt, aus dem der hier abgedruckte Beitrag stammt.

Friedrich Gottlieb Klopstock, geb. am 2.7.1724 in Quedlinburg, gest. am 14.3.1803 in Hamburg. Nach pietistischer Erziehung im Elternhaus besuchte Klopstock das Gymnasium Quedlinburg und die Fürstenschule Schulpforta. Danach studierte er von 1745-48 Theologie in Jena und Leipzig. Nach einigen Jahren als Hauslehrer in Langensalza ging er über Zürich nach Kopenhagen, wo er – mit einer Leibrente des Königs versehen – Mittelpunkt eines deutsch-dänischen Dichterkreises wurde. Klopstocks Werk steht zwischen Spätbarock und Klassik. Er gilt als einer der wichtigsten Wegbereiter für Empfindsamkeit, Sturm und Drang und Erlebnisdichtung. Zu seinen Hauptwerken gehören »Der Messias« (1748-73), »Hermanns Schlacht« (1769) mit den Ergänzungen »Hermann und die Fürsten« (1784) und »Hermanns Tod« (1787) sowie seine erstmals 1771 in Buchform gesammelten Oden (einzeln ab 1748 veröffentlicht).
Die hier in Ausschnitten abgedruckte Ode »Hermann« stammt aus dem Jahre 1767

Luise Koppen, geb. am 11.6.1855 in Berleburg (Sauerland), gest. im Januar 1923 in Berlin. Luise Koppen übersiedelte 1857 mit ihrer Familie nach Detmold. Sie besuchte die Höhere Töchterschule. 1874 legte sie das Lehrerinnenexamen in Elberfeld ab. Danach war sie fast 25 Jahre als Lehrerin an der Höheren Töchterschule in Detmold tätig. Sie verband eine enge Freundschaft mit der Fürstin Elisabeth zur Lippe. Ab 1898 freie Schriftstellerin mit großen Erfolgen als Kinderbuchautorin, z. B. »Das Dorli« (1898) oder »Bubi« (1912). 1910 Umzug nach Berlin, Redakteurin der Zeitschrift »Daheim« und Herausgeberin der Zeitschriften »Die deutsche Frau« und Frauenerwerb« Neben Kinderbüchern veröffentlichte Koppen auch Biographien, z. B. »Katharina von Bora« (1917) und Erzählungen für Erwachsene, u. a. »Kleinstadtzauber (1908) und »Kinderleben in einer kleinen Residenz (1922). Der Bericht über die Einweihung des Hermannsdenkmals stammt aus den »Erinnerungsblättern an Fürstin Elisabeth« aus dem Jahre 1897.

Daniel Casper von Lohenstein (seit 1670, eigentlich Daniel Casper), geb. am 25.1. 1635 in Nimptsch (Niederschlesien), gest. am 28.4.1683 in Breslau. Casper war Anwalt, Gesandter und kaiserlicher Rat. Schon mit 15 Jahren schrieb er sein erstes Trauerspiel »Ibrahim Bassa« (1673). Zahlreiche weitere heroisch-pathetische Dramen folgten, z. B. »Cleopatra« (1661) und »Aggrippina« (1665).
Der hier abgedruckte kurze Abschnitt stammt aus von Lohensteins unvollendetem Roman über Arminius (1689/90), der mit vollem Titel im Original lautet: Großmüthiger Feldherr/ Arminius oder Herrman /Als/ Ein tapfferer Beschirmer der deutschen Freyheit/Nebst seiner/Durchlauchtigen /Thußnelda/ In einer sinnreichen/ Staats=Liebes und Helden=Geschichte/Dem Vaterlande zu Liebe/Dem deutschen Adel aber zu Ehren und rühmlichen Nachfolge/In Zwey Theilen/ vorgestellt.

Karl-Ernst Meier (-Lemgo), geb. am 29.1.1882 in Detmold, gest. am 31.7.1969 in Lemgo. Der Oberstudienrat und Prof. Dr. phil. Meier war nebenberuflich nicht nur ein äußerst begabter Zeichner, sondern auch einer der emsigsten Heimatforscher Lippes. Schwerpunkte seiner Arbeit waren die Lemgoer Stadtgeschichte, die Hexenverfolgungen und das Leben und Werk Engelbert Kaempfers, z. B. »Engelbert Kaempfer, der erste deutsche Forschungsreisende« (1937). Er trat auch als Schriftsteller hervor, u. a. mit »Kleinstadtjugend« (1933), »Die standhafte Katharina« (1935) oder »Das Rebellennest« (1935). Die hier abgedruckte Beschreibung des Hermannsdenkmals entstammt der vermehrten Neuauflage seiner überaus erfolgreichen »Wanderfahrten durch Lippe« aus dem Jahre 1950.

Ernst Elias Niebergall, geb. am 13.1.1815 in Darmstadt, gest. am 19.4. 1843 in Darmstadt. Niebergall studierte Theologie in Gießen. Danach arbeitete er als Hauslehrer in Dieburg und Lehrer in Darmstadt. Er trat als Autor von Zeitungsfortsetzungsgeschichten, Erzählungen und Lustspielen im Darmstädter Dialekt hervor, z. B. »Des Burschen Heimkehr« (1837) und »Datterich« (1841). Aus letzterem – seinem erfolgreichsten Werk, das von der Forschung als Hauptwerk der biedermeierlichen Dialektdichtung angesehen wird – ist der Disput über das Hermannsdenkmal entnommen.

Velleius Paterculus, geb. um 20 v. Chr., gest. nach 30. Velleius Paterculus gehörte einer vornehmen kampanischen Familie an und trat in jungen Jahren in die Armee ein. Er diente als Militärtribun unter anderem in Thrakien, Makedonien und Griechenland. Ab 4 diente er als Reiterpräfekt und Legatus acht Jahre lang in Germanien und Pannonien unter Tiberius. Für seine Dienste wurde er im Jahre 8 Quästor und im Jahre 15 Prätor. Die hier wiedergegebene Passage über die Niederlage des Varus ist in seinem um das Jahr 25 n. Chr. veröffentlichten Kompendium der Römischen Geschichte erschienen. Die hier abgedruckte deutsche Übersetzung des Textes von G. Audring und H. Labuske wurde der von Joachim Herrmann herausgegebenen Quellensammlung »Griechische und lateinische Quellen zur Frühgeschichte Mitteleuropas bis zur Mitte des 1. Jahrtausends u.Z.« entnommen. Der Berlin-Brandenburgischen Akademie sei für die freundliche Kooperation gedankt.

Wilhelm Raabe, geb. am 8.9.1831 in Eschershausen (Kreis Holzminden), gest. am 15.11.1910 in Braunschweig. Raabe absolvierte zunächst eine Buchhandelslehre. Nach einem Philosophiestudium in Berlin lebte er als freier Schriftsteller in Braunschweig. Er gilt als Hauptvertreter des poetischen Realismus. Bekannt sind z. B. seine Romane »Die Akten des Vogelsangs« (1896), »Stopf-

kuchen« (1891) und »Die Chronik der Sperlingsgasse« (1857).
Letzterem ist der hier unter dem Titel »Wo ist denn die Puppe?«
wiedergegebene Text entnommen.

Joseph Victor von Scheffel, geb. am 16.2.1826 in Karlsruhe, gest.
am 9.4.1886 in Karlsruhe. Von Scheffel war zunächst Gerichts-
beamter, später Archivar und Bibliothekar im Schloss zu Donau-
eschingen. Bekannt wurden sein Versepos »Der Trompeter von
Säckingen« (1854) und sein historischer Roman »Eckehard«
(1855). Von Scheffel verfasste zahlreiche Studentenlieder, z. B.
»Gaudeamus« (1868).
Das parodistische Lied »Als die Römer frech geworden« entstand
1847/48.

Reinhold Schneider, geb. am 13.5.1903 in Baden-Baden, gest. am
6.4.1958 in Freiburg. Schneider absolvierte zunächst eine kauf-
männische Ausbildung in Dresden; danach studierte er autodi-
daktisch romanische Literaturen. Seit Anfang der dreißiger Jahre
arbeitete er als freier Schriftsteller zunächst in Potsdam, dann in
Freiburg. Nach dem Verbot seiner Werke durch die Nationalso-
zialisten veröffentlichte er zahlreiche Werke illegal. Er war neben
Bergengruen im Zentrum des katholischen Widerstands gegen
den Faschismus. Schneider veröffentlichte sowohl Gedichte, z. B.
»Sonette« (1939), als auch Erzählungen, z. B. »Tagurong« (1946),
und Essays, z. B. »Erbe und Freiheit« (1955). 1956 erhielt er den
Friedenspreis des Deutschen Buchhandels.
Der hier abgedruckte Text »Der Wald« stammt aus dem Jahre
1960 und ist mit freundlicher Genehmigung des Insel Verlags
entnommen aus: Reinhold Schneider, Gesammelte Werke in
zehn Bänden, © Insel Verlag Frankfurt am Main und Leipzig
1981.

Levin Schücking, geb. am 6.9.1814 in Meppen, gest. am
31.8.1883 in Bad Pyrmont. Schücking war 1841 Bibliothekar

auf Schloss Meersburg und von 1843 bis 1845 Redakteur an Zeitungen in Augsburg und Köln. Schücking schrieb etwa 200 Romane und Novellen, meist über Adel und Bauern seiner westfälischen Heimat. Bekannt geworden ist er auch durch seine Droste-Hülshoff-Biographie. 1839 machte er die Bekanntschaft von Ferdinand Freiligrath, mit dem er 1841 »Das malerische und romantische Westphalen« (siehe unter Ferdinand Freiligrath) herausgab.

Publius Cornelius Tacitus, geb. um 55, gest. nach 116. Tacitus stammt vermutlich aus Südgallien. Er war 88 Prätor, 97 Konsul, später Statthalter der Provinz Asia. Tacitus galt als einer der bedeutendsten Redner seiner Zeit. Seine schriftstellerische Tätigkeit nahm er nach seinem Konsulat auf. Leider sind nur Teile seines umfangreichen Gesamtwerks erhalten geblieben: u. a. 5 Bücher der »Historien«, die »Germania« und einige Bücher der »Annalen«. In letzteren beschrieb Tacitus eingehend den Krieg gegen die Germanen. Von den zeitgenössischen Autoren unterschied sich Tacitus durch seine bittere Kritik am Ausgang des Krieges. Der hier wiedergegebene Bericht über den Sommerfeldzug des Jahres 15, in dem Germanicus Varus die letzte Ehre erweist, ist in Buch I der »Annalen« (um 100) erschienen. Die hier abgedruckte deutsche Übersetzung des Textes von K.-P. Johne wurde der von Joachim Herrmann herausgegebenen Quellensammlung »Griechische und lateinische Quellen zur Frühgeschichte Mitteleuropas bis zur Mitte des 1. Jahrtausends u.Z.« entnommen. Der Berlin-Brandenburgischen Akademie sei für die freundliche Kooperation gedankt.

Hans-Ulrich Treichel, geb. am 12.8.1952 in Versmold in Westfalen. Treichel lebte dort bis 1968. Nach dem Abitur in Hanau studierte er an der FU Berlin Germanistik, Philosophie und Politikwissenschaft. 1983 promovierte er dort mit einer Arbeit über Wolfgang Koeppen. Er habilitierte sich 1993 und lehrt seit 1995 am Deutschen Literaturinstitut Leipzig. Treichel veröffentlichte neben wissenschaftlichen Werken zahlreiche Gedichtbände, z. B. »Der einzige Gast« (1994) oder »Südraum Leipzig« (2007), Romane, u. a. »Der Verlorene« (1998), und Opernlibretti, z. B. »Caligula« (2006).

Der hier wiedergegebene Auszug aus seiner Erzählung »Heimatkunde« ist mit freundlicher Genehmigung des Suhrkamp Verlages entnommen aus: Hans Ulrich Treichel, Heimatkunde oder Alles ist heiter und Edel. Besichtigungen, c Suhrkamp Verlag Frankfurt am Main 1996.

Friedrich Franz von Unruh, geb. am 16.4.1893 in Berlin, gest. am 16.5.1986 in Merzhausen. Als Offizier im Ersten Weltkrieg schwer verwundet; studierte Philosophie in Freiburg und Heidelberg, seit 1924 freier Schriftsteller, z. B. »Die Heimkehr« (1938), »Treschkow« (1952).

In seiner Autobiographie »Ehe die Stunde schlug« (1967), der der hier abgedruckte Abschnitt entnommen ist, berichtet Friedrich von Unruh u. a. über seine Schulzeit in Detmold, wo sein Vater, ein ehemaliger Generalleutnant, seinen Lebensabend verbrachte.

Fritz von Unruh, geb. am 10.5.1885 in Koblenz, gest. am 28.11.1970 in Diez bei Bad Ems. Offizier im Ersten Weltkrieg. Später wurde er zum führenden expressionistischen Erzähler und Dramatiker, dessen Erstlingsdramen über Fragen des Gewissens und militärischen Gehorsams, z. B. »Offiziere« (1911) oder »Louis Ferdinand von Preußen« (1913) während des Kaiserreiches zum Teil Aufführungsverbote erhielten. 1914 erhielt er den Kleistpreis. Sein Jugendwerk »Jürgen Wullenweber« wurde bereits 1906 in Detmold uraufgeführt. Nach dem Ersten Weltkrieg engagierter Pazifist, ging 1932 nach Italien, später nach Frankreich; 1940 Flucht in die USA; 1952 Rückkehr nach Deutschland. Fritz von Unruh schrieb nach dem Zweiten Weltkrieg u. a.

zwei autobiographische Romane, die zum Teil auch in Detmold spielen, wo er wie sein Bruder Friedrich Franz einen Teil seiner Jugend verbrachte: »Der Sohn des Generals« (1957) und »Im Haus des Prinzen« (1964). Letzterem ist der Abschnitt über das Hermannsdenkmal entnommen.

Thomas Valentin, geb. am 13.1.1922 in Weilburg a.d. Lahn, gest. am 22.12.1980 in Lippstadt. Valentin studierte Geschichte, Psychologie und Literaturwissenschaft in Gießen und München. Danach arbeitete er zunächst als Lehrer, ab 1962 dann als freier Schriftsteller. Er war von 1964 bis 1966 Chefdramaturg in Bremen, seit 1975 Mitglied des PEN. Er veröffentlichte zahlreiche Romane, z. B. »Die Unberatenen« (1963), Erzählungen, Gedichte, Hörspiele und Drehbücher. Seine Werke wurden in 16 Ländern übersetzt. Sein Roman »Grabbes letzter Sommer« (1981), aus dem der vorliegende kurze Text stammt, wurde verfilmt und mit dem Adolf-Grimme Preis in Gold ausgezeichnet. Der Abdruck erfolgt mit freundlicher Genehmigung des Igel Verlags aus: Thomas Valentin: Grabbes letzter Sommer (Werke in Einzelbänden, Bd. 5) Igel Verlag Oldenburg 1998.

August Wiemann, geb. am 25.5.1884 in Hörste, gest. am 12.4.1951 in Detmold. Wiemann war Volksschullehrer an verschiedenen Schulen in Lippe. Er veröffentlichte Erzählungen, z. B. »Aus stillen Winkeln« (1922) und »Heimatliche Bilder aus dem Ilsetal (1920), sowie Kalendergeschichten und Zeitungsartikel. Der hier abgedruckte Text »Unser Hermann« ist 1938 in »Westfalen im Bild« erschienen.

Friedrich Wienke, geb. am 20.9.1863 in Brakelsiek, gest. am 17.2.1930 in Schieder. Wienke war lange Jahre Ziegler, später Inhaber eines Zementwarengeschäfts in Schieder. In Lippe berühmter Zieglerdichter.

Neben seinem 1899 erschienen Band mit Zieglerliedern wurde der 1926 erschienene Gedichtband »Bleomen twisken Steunen«, aus dem das hier abgedruckte Gedicht »De lippsken Berge« entnommen ist, in Lippe bekannt.

Ernst von Wildenbruch, geb. am 3.2.1845 in Beirut, gest. am 15.1.1909 in Berlin. Von Wildenbruch war der Enkel des Prinzen Louis Ferdinand von Preußen. Nach der Militärzeit studierte er Jura in Berlin. Ab 1877 Tätigkeit im Auswärtigen Amt, ab 1887 als Legationsrat. Nebenher betätigte er sich als Schriftsteller. Er veröffentlichte historische und patriotische Lieder, Balladen und Dramen, z.B. »Die Quitzows« (1888) und »Die Rabensteinerin« (1907), aber auch Romane, z.B. »Der Meister von Tanagra« (1880).
Der hier abgedruckte Vierzeiler wurde von von Wildenbruch als Vorschlag für die Inschrift am Hermannsdenkmal eingereicht, um die von Bandel 1873 in Zeitungen aufgerufen hatte.

Julius Wolff, geb. am 16.9.1834 in Quedlinburg, gest. am 3.6.1910 in Berlin. Nach dem Besuch des Gymnasiums in Quedlinburg studierte Wolff Wirtschaftswissenschaften und Philosophie in Berlin. Nach Studienreisen übernahm er die väterliche Tuchfabrik in Quedlinburg, die er jedoch 1869 verkaufen musste. Wolff gründete die Quedlinburger »Harz-Zeitung«, nahm als Offizier am Deutsch-Französischen Krieg 1870/71 teil und ließ sich nach seiner Rückkehr 1872 als freier Schriftsteller in Berlin nieder.
Wolff schrieb Erzählungen, Romane, z.B. »Der Sachsenspiegel« (1909) und Dramen, z.B. »Drohende Wolken« (1879). Wolff war ein prominenter Vertreter der sogenannten »Butzenscheibendichter«. Mit diesem Begriff wurden Ende des 19. Jahrhunderts Schriftsteller beschrieben, die altertümelnde Verserzählungen in gefälliger Manier über historische Themen und Sagen schrieben, z.B. »Der fliegende Holländer« (1892).

Das hier abgedruckte Gedicht entstammt dem zur Einweihung des Denkmals 1875 erschienen Band »Das Hermannsdenkmal und der Teutoburger Wald«.

In jenen Fällen, in denen es nicht möglich war, den Rechtsinhaber resp. Rechtsnachfolger zu eruieren, konnte ausnahmsweise keine Nachdruckerlaubnis eingeholt werden. Honoraransprüche der Autoren oder ihrer Erben bleiben gewahrt.

Literaturverzeichnis

Arnold, Heinz Ludwig: Der germanische Hermann im Teuto-
    burger Wald. Das Hermannsdenkmal bei Detmold, in: Wall-
    fahrtsstätten der Nation. Vom Völkerschlachtdenkmal zur
    Bavaria, Frankfurt/M. 1971.

Aventinus: Baierische Chronik, hrsg. Von Georg Leidinger.
    Nachdruck 1975 (Nachdruck der Ausgabe Jena 1926).

Bachler, Gerhard (Hrsg.): Grüße aus dem Lipperland. Bildpost-
    karten der Jahrhundertwende, Paderborn o.J.

Bandel, Josef Ernst von: Erinnerungen aus meinem Leben, hrsg.,
    mit Erläuterungen versehen und bis zum Tode des Meisters
    fortgeführt von Adolf Gregorius, Detmold 1937.

Bartsch, Kurt: Weihnacht ist und Wotan reitet. Märchenhafte
    Gedichte, Berlin 1985.

Berke, Stephan (Hrsg.): Das Hermannsdenkmal. Daten – Fakten
    – Hintergründe. Marsbert/Padberg 2008.

Bolhöfer, August (»Simon«): Deu Varus-Schlacht: In lippske
    Mundart. Detmold o.J. (um 1920).

Buck, Henning: Arminius. Geschichte-Mythos-Literatur, Osna-
    brück 1990.

Cassius Dio Cocceianus: Historiarum Romanarum quae super-
    sunt, hrsg. von U. P. Boissevain, 5 Bände (1895-1931) Nach-
    druck Bd. 1-4 1955.

Dröge Simon (Hrsg.): Lippisches Schmunzel Brevier. 24 Anek-
    doten und 100 Witze. Mit einem Nachwort von Burkhard
    Meier, 2., erw. Auflage, Rosdorf 2007.

Engelbrecht, Günther (Hrsg.) Ein Jahrhundert Hermannsdenk-
    mal 1875-1975 (= Sonderveröffentlichungen des Natur-
    wissenschaftlichen und Historischen Vereins für das Land
    Lippe, Bd. 23), Detmold 1975.

Joachim Fernau: »Deutschland, Deutschland über alles ...«. Mit einem Nachwort von Armin Mohler, 22. Auflage, München 2007.

Fink, G.W. (Hrsg.): Musikalischer Hausschatz der Deutschen. Eine Sammlung von über 1100 Liedern und Gesängen mit Singweisen und Klavierbegleitung, neue durch Wilhelm Tschirsch verbesserte und vermehrte 11. Auflage, Leipzig 1901.

Florus: Römische Geschichte. Übersetzt, eingeleitet und kommentiert von Günter Laser, Darmstadt 2005.

Franzmeier, Otto: Lippe-Detmold, eine wunderschöne Stadt. Und 26 weitere Erzählungen aus Lippe, hrsg. von Michael Vogtmeier in Verbindung mit dem Lippischen Heimatbund (= Bibliothek Lippischer Klassiker, Band 3), Rosdorf 2008.

Freiligrath, Ferdinand: Sämtliche Werke in zehn Bänden, hrsg. Von Ludwig Schröder, Leipzig o.J. (1906).

Gehring, Fritz: Der Alte vom Berge. Erlebnisse mit Ernst v. Bandel in den Jahren 1870 bis 1875 beim Gerüstbau zum Hermannsdenkmal auf der Grotenburg. Zur 50jährigen Einweihungsfeier hrsg. Von Heinrich Schwanold, Detmold 1925.

Grabbe, Christian Dietrich: Die Hermannsschlacht, Düsseldorf 1838.

Halm, Friedrich, Thusnelda, in: Deutschland's Balladen- und Romanzen-Dichter. Von G.A. Bürger bis auf die neueste Zeit. Eine Auswahl des Schönsten und charakteristisch werthvollsten aus dem Schatze der lyrischen Epik, nebst Biographien und Charakteristiken der Dichter, unter Berücksichtigung der namhaftesten kritischen Stimmen, hrsg. in zwei Abtheilungen von Ignaz Hub, 3., mit Nachträgen stark vermehrte Auflage, Würzburg und Karlsruhe 1860.

Harnecker, Joachim: Arminius, Varus und das Schlachtfeld von Kalkriese. Eine Einführung in die archäologischen Arbeiten und ihre Ergebnisse. Mit einem Beitrag von Katharina von Kurzynski, Bramsche 1999.

Heine, Heinrich: Deutschland. Ein Wintermärchen, Hamburg 1844.

Hellfaier, Annette: Kleiner Führer durch das Bandel-Museum am Hermannsdenkmal, Detmold 1980.

Helm, Ingo/Weinert, Christoph: Die Geschichte Norddeutschlands, Hamburg 2005

Hermann, Joachim (Hrsg.): Griechische und lateinische Quellen zur Frühgeschichte Mitteleuropas bis zur Mitte des 1. Jahrtausends u.Z. Erster Teil: Von Homer bis Plutarch (8. Jh. v.u.Z. bis1.Jh. u.Z.) (=Schriften und Quellen der Alten Welt Band 37,1), Berlin 1988.

Hermann, Joachim (Hrsg.): Griechische und lateinische Quellen zur Frühgeschichte Mitteleuropas bis zur Mitte des 1. Jahrtausends u.Z. Dritter Teil: Von Tacitus bis Ansonius (2. bis 4. Jh. u.Z.) (= Schriften und Quellen der Alten Welt, Band 37,3), Berlin 1991.

Hille, Peter: Die Hassenburg-Roman aus dem Teutoburger Wald, Berlin 1905.

Hüsch, Hanns Dieter: Der Fall Hagenbuch, München 1983.

Hutten, Ulrich von: Arminius. Hermann. Ein Wettstreit in der Unterwelt. Zum ersten Mal ins Deutsche übersetzt und mit dem lateinischen Text hrsg. Von G.B. Aldegarmann, Detmold 1954.

Kleist, Heinrich von: Werke, hrsg. Von. T. Zolling. 4 Bände, Stuttgart 1885.

Kleist, Heinrich von: Die Hermannsschlacht (=Deutsche Ausgaben, Band 53), Bielefeld 1943.

Klingenberg, W. (Hrsg.): Das Hermanns-Denkmal und der Teutoburger Wald, Detmold 1875.

Klopstock, Friedrich Gottlieb: Sämtliche Werke. 9 Bände, Leipzig 1839.

Klopstock, Friedrich Gottlieb: Sämtliche Werke. 3 Supplementbände, hrsg. Von H. Schmidlin, Stuttgart 1839.

Körte, Peter: Schnitzel Arminius. Wir wissen, wer vor 1999 Jahren die Varusschlacht gewann – aber wo war's. Eine Spurensuche in Kalkriese im Osnbrücker Land, in: Frankfurter Allgemeine Sonntagszeitung v. 28.9.2008.

Koppen, Luise: Erinnerungsblätter an Fürstin Elisabeth, Detmold 1897.

Kurz, Isolde: Die Pilgerfahrt nach dem Unerreichlichen, Tübingen 1938.

Lohenstein, Daniel Casper von : Großmütiger Feldherr Arminius oder Hermann. 2 Bände, Nachdruck 1973.

Meier, Burkhard: Das Hermannsdenkmal und Ernst von Bandel, Detmold 2000.

Meier-Lemgo, Karl: Wanderfahrten durch Lippe, Vermehrte Neuauflage mit Zeichnungen des Verfassers, Lemgo 1950.

Meysenbug, Karl von: Aus Johannes Brahms Jugendtagen, in: Neuer Wiener Tageblatt vom 3. und 4. April 1902.

Niebergall, Ernst Elias: Datterich, Darmstadt 1841.

Raabe, Wilhelm: Die Chronik der Sperlingsgasse, Berlin 1857.

Schaefer, Thomas: Lippe Detmold. Ein Lesebuch. Von Tacitus bis Hanns Dieter Hüsch, Husum 1990.

Scheffel, Josef Victor von: Victor-Scheffel Album. Perlen deutschen Humors. Gesammelte Dichtungen von Victor von Scheffel, hrsg. Von Ferdinand Hesse, Berlin o.J.

Scherr, Johannes: Germania. Zwei Jahrtausende deutsche Kulturgeschichte. 16., erweiterte Reprintauflage der Originalausgabe von ca. 1890, Holzminden 2005.

Schmidt, Hans: Das Herrmannsdenkmal im Spiegel der Welt. Baugeschichte – Beiträge – Besucher – Interpretationen, Detmold o.J.

Schmidt, Hermann: Ernst von Bandel. Ein deutscher Mann und Künstler. Hannover 1892.

Schneider, Reinhold: Gesammelte Werke in zehn Bänden, Frankfurt/M. und Leipzig 1981.

Schücking, Levin/Freiligrath, Ferdinand: Das malerische und romantische Westphalen, 2., umgearbeitete Auflage, Paderborn 1872.

Schwanold, Heinrich (Hrsg.): Arminius, die Varusschlacht und das Hermannsdenkmal. Festschrift zur Neunzehnhundertjahrfeier der Schlacht im Teutoburger Walde, 2. Auflage, Detmold 1909.

Schwanold, Heinrich (Hrsg.): Heimatdichtung (=Heimatbücher für Schule und Haus, Heft 2), Detmold 1923.

Tacitus, Publius Cornelius: Germania. Die Annalen, München 1957.

Tacitus, Publius Cornelius: Annalen. Lateinisch-Deutsch. Hrsg. Von Erich Heller. Mit einer Einführung von Manfred Führmann (Sammlung Tusculum), 3. Auflage, Düsseldorf und Zürich 1997.

Treichel, Hans Ulrich. Heimatkunde oder Alles ist heiter und edel. Besichtigungen, Frankfurt/M. 1996.

Unruh, Friedrich Franz von: Ehe die Stunde schlug. Eine Jugend im Kaiserreich, Bodman 1967.

Unruh, Fritz von: Im Haus der Prinzen, Frankfurt/M 1967.

Völker, Werner: Als die Römer frech geworden. Die Schlacht im Teutoburger Wald, Berlin 1981.

Valentin, Thomas: Grabbes letzter Sommer (Werke in Einzelbänden, Bd. 5), Oldenburg 1998.

Wiegels, Rainer (Hrsg.): Die Varusschlacht. Wendepunkt der Geschichte? Stuttgart 2007.

Wiegels, Rainer/Woesler, Winfried (Hrsg.): Arminius und die Varusschlacht. Geschichte – Mythos – Literatur, Paderborn u.a. 1995.

Wiemann, August: Unser Hermann, in: Westfalen im Bild, hrsg. vom Landesfremdenverkehrsverband Westfalen, Dortmund April 1938.

Wienke, Friedrich: Bleomen twisken Steunen, Detmold 1926.

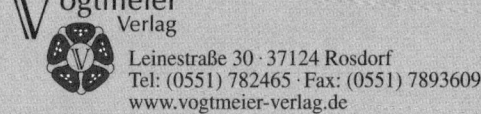